물은 비밀을 알고 있다

세상과 인간을 이해하는 가장 완벽한 재료

물은 비밀을 알고 있다

최종수 지음

whale books

들어가는 글

물이 곧 하나의 세계다

세상 대부분의 일이 물과 연결되어 있다고 하면 공감할 수 있을까? 물은 수십억 년 전 태초의 지구에서부터 존재했다. 물은 최초의 생명을 잉태하고, 공룡 배 속을 거쳐 발전기 터빈을 돌리고, 개인의 일상뿐만 아니라 나라의 운명까지 결정하는 물질이 되었다. 물은 지구 역사를 온전히 지켜본 물질이자 지구 생명체에게 절대적인 존재다. 그런 물을 우리는 어떻게 받아들이고 있을까?

물이 우리 일상에 절대적인 존재라는 생각에는 이견이 없지만 아이러니하게도 물 쓰듯 한다는 표현에서 알 수 있듯이 우리는 물을 흔하고 하찮은 존재로 여겨왔다. 주변에서 쉽게 구할 수 있다고 생각했기 때문이다. 인류에게 필요한 자원은 대부분 대체재가 있다. 쌀이 부족하면 밀로 대체할 수 있고, 화석연료가 고갈되면 태양광이나 풍력이 이를 대신할 수 있다. 그렇다면 물이 부족하면 어떤 물질이 대체할 수 있을까? 안타깝게도 인류는 아직 물을 대체할 수 있는 물질을 찾지 못했다. 물이 부족하면 이를 대체할 수 있는 물질은 지구상에 존재하지 않는다. 우리가 '물은 생명'이라고 말하는 이유이다. 하지만 우리는 여전히 물은 어디에서나 쉽게 구할 수 있고 하찮은 존재로 인식하고 있다.

물은 우리가 생각하는 과학의 범위를 넘어 일상 깊숙이 개입하고 있다. 어쩌면 지구에서 일어나는 모든 비밀스러운 일을 지켜보는 유일한 목격자라고 해도 과언이 아니다. 이 책은 물에 관한 이야기를 담고 있지만 물 하나로 과학, 철학, 역사, 문화를 꿰뚫는 '물의 인문학'을 지향했다. 흥미롭고 쉽게 읽히도록 썼지만 물에 대한 오해와 불신을 깨뜨리고 정확한 정보를 전달하기 위해 과학의 범주에서 출발했다. 과학의 영역에 고여 있던 물에 새로운 물길을 내어 물이 역사를 비롯한 다양한 분야로 스며들도록 했다. 다양한 분야를 다루는 과정에서 나름 확인하고 고증했지만 사실과 다르게 기술되었을 수 있다. 따끔한 지적 바란다.

이 책은 물에 관해 다루지만 책 속에서의 배역으로 따지자면 물은 조연이다. 주연은 여럿이다. 일상이 주연이고, 역사가 주연이고, 문화가 주연이다. 물을 슬쩍 조연으로 출연시켰지만 주연보다 더 빛나는 조연이 되기를 바라는 의도가 다분하다. 나의 그런 얄팍한 마음이 독자들에게 금방 들통났으면 한다. 그래서 독자들이 책장을 덮을 때쯤이면 '물은 생명'이라는 다소 진부해 보이기까지 하는 명제에 대한 깊은 통찰이 있기를 기대한다.

내 머릿속에 파편화되어 흩어져 있던 생각과 지식을 책이라는 그릇에 가지런히 담을 수 있도록 도와준 웨일북에게 감사한 마음을 전한다. 책에 담는 과정에서 그간 과학 교과서처럼 딱딱하게 여겨졌던 물에 관한 이야기를 다른 재료와 섞어 약간은 말랑하게 만들고자 했다. 이제 책에 대한 평가는 독자의 몫으로 넘긴다.

나는 나름대로 분야와 순서를 정해서 책을 썼지만 독자들은 순서대로 읽지 않아도 된다. 거꾸로 읽어도 좋고 흥미를 끄는 제목부터 읽어도 좋다. 어떤 순서로 읽어도 내가 가졌던 생각이 전해지는 데는 무리가 없다고 생각한다. 책장을 한 장씩 넘길 때마다 내가 물에 관해 알게 되었던 재미와 지식이 독자에게도 스며들기를 바라본다.

2023년 1월
최종수

차례

◇◇◇ **일상** ◇◇◇

삶의 이치를 물로 풀어내다

⋙ 과학 ⋙

자연의 물음에
물이 답하다

사람은 인문학,
물은 수문학

우리나라는 매년 6월 말이면 예외 없이 장마가 시작된다. 이때쯤이면 뉴스를 통해 자주 듣게 되는 표현이 있다.

"OO 지역에 시간당 OO밀리미터 이상의 기록적인 폭우가 쏟아져 농경지가 침수되고 도로가 유실되는 등 많은 피해가 잇따랐습니다."

'기록적'의 사전적 의미는 "기록에 남아 있거나 남을 만한 것"이라는 뜻이다. 위 표현에는 언론 특유의 과장이 좀 섞이긴 했지만 틀린 말은 아니다. 요즘 내리는 비는 정말 기록에 남을 만하게 쏟아진다. 침수되는 지역도 농경지와 도심을 가리지 않는다. 몇 년 전에는 서울의 한복판, 그것도 측우기를 만들었던 세종대왕이 지켜보는 종로가 침수되었다. 측우기 이야기가 나왔으니 측우기를 누가 발명했는지 짚고 갈 필요가 있겠다.

초등학교가 아닌 국민학교를 다녔던 사람들은 대부분 장영실을 떠올릴 테지만 보기 좋게 틀렸다. 정답은 세종대왕의 아들인 문종이다. 그간 측우기 발명자는 장영실이라는 의견과 문종이라는 의견이 팽팽했었는데, 2010년 기상청이 측우기 발명자는 문종이라고 공식화하면서 논쟁은 마무리되었다. 세종 23년인 1441년에 문종이 만들었고, 그해 5월 19일에 세종대왕이 측우기를 공포했다. 우리나라 발명의 날이 5월 19일이 된 것도 바로 이날을 기념하기 위해서이다. 측우기는 세계 최초로 비의 양을 측정한 기구로 이탈리아의 베네데토 카스텔리^{Benedetto Castelli}가 1639년에 발명한 우량계보다 무려 200년 가까이 앞서 발명되었다. 측우기를 이용해 강우를 기록하는 일은 간단해 보이지만 하늘에서 내리는 비에 많은 것을 의지해야 하는 과거에는 큰 의미를 가졌다. 기록을 하는 것은 현재에 대한 기록도 되지만, 기록을 모으면 자료가 되고 자료를 축적하면 미래에 대한 예측이 가능하기 때문이다.

오랫동안의 강우 기록을 통계적으로 분석해 일 년에 비가 얼마나 오는지, 한 번에 얼마나 많이 오는지, 또 얼마나 자주 오는지를 예측한다. 이것을 다루는 학문을 수문학^{水文學}이라고 한다. 인문학^{人文學}이 인간과 관련된 근원적인 문제를 연구하는 학문이니, 수문학은 물과 관련된 근원적인 문제를 연구하는 학문이라고 보면 되겠다.

물의 자연현상을 연구하는 학문 명칭에 공학工學이 아닌 문학文學을 붙였다는 사실이 흥미롭다. 이공 계열 전공과목 중 문학이 붙는 유일한 과목이 아닐까 싶다. 아마도 하늘에서 내리는 비를 인간이 공학적 계산으로 풀기에는 한계가 있음을 인정하고, 논리적 탐구의 영역으로 구분한 것이 아닐까 추측해 본다. 영문 표기에서도 논리적 탐구에 관한 학문명 접미사 로지logy를 붙인 것을 보면 이 추측이 전혀 근거가 없는 것은 아닌 듯하다. 수문학 이론으로는 예측과 설명이 안 되는 요즘의 강우 패턴을 보면서 하늘에서 내리는 비를 공학적으로 예측한다는 것이 얼마나 어려운 일인지를 다시 한번 절감한다.

기록적인 폭우로 도시가 침수되고 하천이 범람할 때마다 우리는 피해 복구와 아울러 그 피해 원인을 찾는다. 관련 시설을 제대로 운영하지 못한 인재人災인지, 아니면 너무 많은 비를 내린 천재天災인지를 따진다. 하지만 그 답은 인재로 결론지어지는 것이 대부분이다. 내린 비는 잘못이 없고 그것을 관리한 사람에게 잘못이 있다는 해석이다.

도시가 침수되는 원인은 관련 시설을 제대로 운영하지 못한 사람 탓도 있지만, 너무 많은 비를 내린 하늘 탓인 경우도 많다. 특히 최근에는 말이다. 빗물을 내보내는 우수관과 하천 등의 시설은 설계할 때 따라야 하는 기준이 있다. 예를 들면 우수관은 5~10년 빈도의 홍수, 하천은 30~50년 빈도의 홍수에 대비하도록 설계해야 한다는 기준이다. 이 기준을 초과하는 비가 쏟아지면 안타깝게도 침수될 수밖에 없다.

그런데 최근 쏟아지는 폭우는 설계 기준을 훌쩍 뛰어넘는, 그야말로 '기록적'인 경우가 많다. 2011년 7월에 발생했던 서울시의 침수 사례를 보면, 관련 시설의 설계 기준은 시간당 90밀리미터의 수준이었지만 실제로 내린 비는 이 기준을 훨씬 웃도는 117밀리미터가 쏟아졌다. 이 강우는 100년에 한 번 오는 것으로 예측되었다. 그런데 그로부터 11년이 지난 2022년 여름에는 서울 강남에 시간당 140밀리미터가 넘는 비가 쏟아졌다. 통계적으로 볼 때 대략 500년에 한 번 올 수 있는 비이다. 몇백 년에 한 번 올 수 있는 비가 10년 만에 또 쏟아진 셈이다.

하루 동안 내린 비의 양으로 따지면 더 놀라운 기록도 있다. 월드컵 4강의 신화를 썼던 2002년 8월, 강원도 동해안을 쓸고 지나간 태풍 '루사'는 하루에 870.5밀리미터의 어마어마한 비를 강릉 지역에 쏟아부었다. 우리나라에 일 년 동안 내리는 비의 양 1300밀리미터를 고려하면 일 년 동안 내리는 비의 3분의 2가 하루에 내린 셈이다.

예전에는 상상하기도 힘들었던 이런 비는 게릴라성 폭우라고 부르는데, 정말 게릴라처럼 쳐들어와 우리를 놀라게 한다. 이러다 보니 하늘에서 내리는 비를 통계로 풀기에는 점점 어려워지고 있다. 이제는 홍수 피해의 원인에 대해 사람 탓만이 아닌 하늘 탓도 필요하다고 본다. 기록적 폭우로 인한 침수 피해 원인을 사람 탓으로만 돌리면 시설 확충과 같이 재발 방지를 위한 근본적인 대책은 물 건너갈 수밖에 없다. 너무 많은 비가 내려 기존 시설로는 대응하기에 한계가 있었다는, '하늘 탓'도 해야 관련 시설을 확충할 수 있다. 기후변화로 강우 패턴이 바뀌면서 앞으로도 침수 피해는 연례행사처럼 반복될 것이다. 우리는 다시 그 원인을 두고 인재인가, 천재인가를 묻게 될 것이다. 하지만 하늘에서 내리는 비를 예측하는 학문이 계산으로 풀어내는 공학이 아니라 논리적으로 탐구하는 문학임을 다시 한번 생각해 볼 일이다.

지구인가,
수구인가?

2020년 미국 항공 우주국NASA은 달에 물이 있다는 결정적인 증거를 공개했다. 발표에 따르면 달에 존재하는 물의 양은 대체로 흙 1세제곱미터에 340밀리리터 정도라고 한다. 책상 크기만큼 달의 흙을 담으면 그 속에 생수병 하나 정도의 물이 있다고 보면 될 듯하다. 과거에도 달에 물이 존재한다는 증거는 있었지만, 2020년 발표를 통해 이전에 생각했던 것보다 훨씬 많은 양의 물이 존재한다는 사실을 알게 되었다. 공상과학 영화에서 나왔던 것처럼 달에 인간이 거주하는 날도 얼마 남지 않은 듯하다.

그렇다면 우리가 살고 있는 지구에는 얼마나 많은 물이 있을까? 우리가 알고 있듯이 지구 표면의 3분의 2는 물로 덮여 있다. 물의 양은 14억 세제곱킬로미터, 톤으로 표현하면 14 뒤에 0이 열일곱 개나 붙는다. 어느 정도의 양인지 도무지 상상이 되지 않는다. 세계의 수자원 현황 자료에 따르면, 이 물은 지구 전체를 2.7킬로미터의 높이로 덮을 양이다[1]. 지구 표면의 대부분이 물로 덮여 있고, 물의 양도 상상을 초월할 정도임을 생각하면 아마도 외계인이 지구를 처음 보고 이름을 붙였다면 지구地球가 아닌 수구水球가 되었을지도 모를 일이다.

여기서 한 가지 의문이 생긴다. 지구에는 가늠조차 하기 힘든 엄청나게 많은 물이 있는데, 왜 지구에 있는 사람들은 여전히 물 부족으로 고통받고, 물을 차지하기 위한 전쟁도 불사할까? 그것은 바로 풍요 속에 빈곤 때문이라고 할 수 있다. 지구상에 있는 물의 97.5퍼센트는 우리가 직접 이용할 수 없는 바닷물이다. 나머지 2.5퍼센트만이 짜지 않은 물, 즉 민물 또는 담수인데 이마저도 대부분은 우리가 직접 이용할 수 없는 빙하와 만년설로 존재한다. 우리가 비교적 쉽게 이용할 수 있는 호수와 하천, 또는 지하수로 존재하는 물의 양은 전체의 1퍼센트 수준이다. 우리가 직접 이용할 수 있는 하천과 호수에 있는 물로 한정하면 그 양은 더욱 줄어들어 0.0086퍼센트에 불과하다. 지구상에 존재하는 물의 1만 분의 1도 되지 않는 양이다. 이런 이유 때문에 우리가 살고 있는 지구에 엄청나게 많은 물이 있음에도 전 세계 인구의 4분의 1은 여전히 물 부족으로 고통받고 있다.

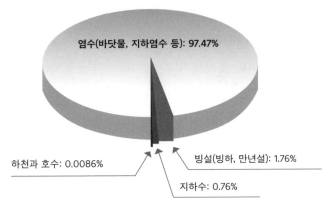

염수(바닷물, 지하염수 등): 97.47%

하천과 호수: 0.0086%

빙설(빙하, 만년설): 1.76%

지하수: 0.76%

지구의 수자원 현황

석유와 석탄 같은 자원은 매장량이 제한되어 있다는 사실을 알기 때문에 고갈되지 않도록 생산량을 조절하거나 대체할 수 있는 자원을 고민한다. 반면 물은 순환을 통해 지속적으로 공급된다는 생각에 고갈에 대한 고민을 많이 하지 않는다. 물은 순환되기 때문에 사라지지는 않지만 부족과 고갈은 늘 일어난다. 더욱이 석유와 석탄이 부족하면 원자력과 풍력으로 대체할 수 있고 쌀이 부족하면 밀이 대신할 수 있지만, 물이 부족하면 대체할 수 있는 것은 아무것도 없다.

물은 아주 옛날부터 순환을 통해 우리에게 지속적으로 공급되어 왔고 공급되는 속도와 양도 일정하다. 지구에서 일 년 동안 증발하는 물의 양은 485조 톤으로 485 숫자 뒤에 0이 자그

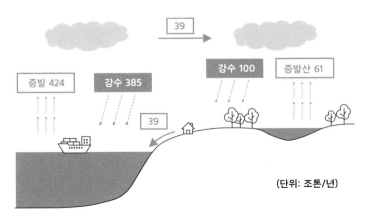

지구의 물순환 과정

마치 12개나 붙는, 엄청나게 많은 양이다. 485조 톤의 대부분
인 424조 톤은 바다에서 증발되고 나머지 61조 톤은 육지에서
증발된다. 지구 표면의 70퍼센트를 차지하는 바다가 증발량의
대부분을 채워주는 셈이다. 증발로 만들어진 485조 톤의 구름
중 385조 톤은 바다에 비로 내리고 나머지 100조 톤은 육지에
내린다. 육지의 증발량 61조 톤과 강우량 100조 톤의 차이인
39조 톤이 육지에 비로 내린 다음 바다로 흘러드는 양이 된다.

　바다로 흘러들었던 물이 증발해 구름이 되고, 이 구름은 비
가 되어 다시 땅으로 내려온다. 이 과정이 우리가 알고 있는 물
의 순환이다. 증발은 물을 깨끗하게 정화하는 역할을 하고 강
우는 육지에 일정한 양의 물을 공급하는 역할을 한다. 이 순환

을 통해 우리가 쓰고 나서 버린 지저분한 물이 깨끗한 물이 되어 우리에게 돌아온다. 물의 순환 덕분에 지구에 살고 있는 생명체는 수십억 년 동안 안정적으로 물을 공급받아 왔다.

물은 이러한 순환 과정을 통해 수십억 년 동안 자연이 정한 시간에 맞춰 일정한 양을 공급해 왔지만 사람들이 필요로 하는 양은 매년 폭발적으로 증가하고 있다. 1950년부터 1990년까지 40년 동안 인류의 물 수요는 3배나 증가했다.[2] 전문가들은 2050년이면 전 세계 인구가 90억 명에 이르고, 이 중 절반은 물 부족에 시달릴 것이라고 경고한다.[3]

바닷물이 증발해 구름이 되고 구름이 비가 되어 우리에게 돌아오기 위해서는 자연이 정한 시간이 필요하지만 사람들은 그 시간을 기다릴 수 없다. 당장의 물 부족을 해결하기 위해 물이 있는 곳이면 하천과 호수, 그리고 지하수를 가리지 않고 물을 끌어 쓴다. 버는 것보다 쓰는 것이 많으면 살림살이가 팍팍해지듯이 지구의 물도 채우는 양보다 쓰는 양이 훨씬 많아 물 살림살이는 점점 더 팍팍해져만 간다.

3

우리나라는 유엔이 정한
물 부족 국가일까?

이 문제의 답은 우리 예상과는 달리 '아니오'이다. 십수 년 전 우리나라는 UN이 정한 물 부족 국가라는 것이 정설처럼 되어 있었다. 일부 시민단체가 이것은 근거가 없다고 주장하며 정부의 답변을 요구했는데, 정부는 이에 대해 우리나라가 유엔이 정한 물 부족 국가라는 것은 잘못 알려진 사실이라고 인정했다.[4]

그렇다면 우리나라가 물 부족 국가라는 말은 어디에서 시작된 것일까? 출발은 30여 년 전으로 거슬러 올라간다. 1993년 국제인구행동연구소[PAI][5]는 보고서를 통해 우리나라 국민 1인당 연간 가용 수자원량이 153개국 중 129위라고 발표하며 '물 스트레스 국가'로 분류했다.[6]

몇 년 뒤 유엔 인구국이 발간한 보고서에 이 수치가 인용되었고, 이 내용이 국내에 전해지는 과정에서 우리나라가 '유엔이 정한 물 부족 국가'로 되었다는 것이 정설이다.[7] 하지만 보고서를 쓴 국제인구행동연구소는 인구문제 해결에 관심을 둔 미국의 사설 연구소일 뿐이고 유엔과는 아무 관련이 없는 단체이다. 유엔이 보고서를 인용했다는 점에서 공신력을 인정했다고 볼 수는 있지만, 유엔이 직접 우리나라를 물 부족 국가로 지정했다고 볼 수는 없다.

이 연구소는 1인당 연간 물 사용 가능량이 1000세제곱미터 미만인 국가는 물 기근 국가, 1000~1700세제곱미터인 국가는 물 스트레스 국가, 1700세제곱미터 이상인 국가는 물 풍요 국가로 분류했다. 이 보고서에서 우리나라의 1인당 연간 물 사용 가능량은 1500세제곱미터 가량으로 산정되어 물 스트레스 국가로 분류되었다. 정부의 해명으로 유엔이 정한 물 부족 국가가 아니라는 것은 설명이 되었지만, 유엔이 정했다는 것만 빼면 우리나라의 물 사정이 넉넉하지 않다는 사실에는 변함이 없다. 물이 부족하고 물로 인해 스트레스를 받는 나라는 분명하다는 의미이다.

우리나라가 물 부족을 느끼는 이유가 강수량이 적어서 그런 것이 아닐까 생각할 수 있지만, 우리나라에 일 년 동안 내리는 비는 1300밀리미터로 세계 평균 807밀리미터보다 1.6배나 많다. 하지만 비가 여름에만 집중되어 쏟아지기 때문에 적절한 관리가 어렵고 인구밀도가 높아 1인당 이용 가능한 강수량은 세계 평균의 6분의 1에 불과하다.

우리나라의 강수량에 국토 면적을 곱하면 우리나라에 일 년 동안 내리는 비의 양이 되는데, 그 양을 톤으로 환산하면 약 1323억 톤이다. 비교하기 쉽게 설명하자면 저수량 29억 톤의 소양댐을 45개 정도 채울 수 있는 양이다. 그런데 1323억 톤 중 우리가 이용하는 양은 3분의 1이 채 되지 않는 372억 톤이 다. 그런데 장마로 인해 이용하지도 못하고 하천을 통해 바다로 흘러 나가는 물이 388억 톤이다. 이용하는 양보다 버려지는 물의 양이 더 많은 셈이다. 이렇게 많은 물이 한 번도 이용되지 못하고 바다로 버려지는 것은 비가 짧은 기간에 집중되어 쏟아지기 때문에 모아 두고 이용할 수 없기 때문이다.[8]

같은 강수량을 가져도 비가 어떻게 내리는지, 인구밀도가 얼마인지에 따라 이용 가능한 물의 양은 달라진다. 예를 들어 영국의 경우 강수량은 우리나라와 비슷하지만, 인구밀도가 우리나라 절반 수준이기 때문에 1인당 이용 가능한 수자원량은 2400세제곱미터 정도로 우리나라보다 훨씬 큰 값을 갖는다.

우리나라를 물 부족 국가로 분류한 기관이 유엔인지 아닌지의 여부를 떠나 수치로 볼 때 우리나라의 물 사정이 넉넉하지 않다는 것은 분명하다. 그럼에도 1인당 물 사용량은 다른 나라에 비해 많은 편이다. 우리는 하루에 1인당 280리터의 물을

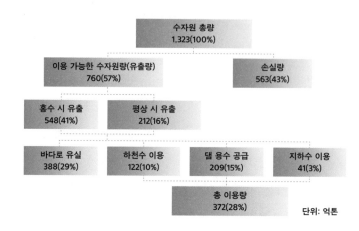

수자원 통계 현황, 출처: 환경부(2021)

사용하고 있는데, 이 값은 미국과 일본보다는 작지만 우리보다 물 사정이 넉넉한 유럽과 호주에 비해서는 크다. 우리가 처한 물 사정에 비해 많은 양의 물을 사용하는 셈이다.

여러 가지 수치는 우리나라 물 사정이 넉넉하지 않다는 사실을 보여준다. 그런데 우리는 왜 물 부족을 심각하게 체감하지 못하는 것일까? 가장 큰 이유는 상수도 보급이다. 우리나라의 상수도 보급률은 99.4퍼센트로 거의 모든 가정이 상수도를 이용하고 있다.[9] 이렇게 상수도 보급이 잘 되어 있다 보니 물 부족으로 인해 급수가 제한되는 경우는 많지 않다. 국민들이 물 부족을 심각하게 인식하지 않는 상황에서 거의 100퍼센트에 달하는 상수도 보급률을 달성하기 위해서는 다양한 곳에서 물을 끌어와야 한다. 하천과 호수는 물론이고 지하수도 예외가 될 수 없다. 이러다 보니 하천과 호수는 말라가고 지하수도 점점 줄어든다. 물 스트레스 국가인 대한민국의 국민보다 대한민국에 있는 하천과 호수, 그리고 지하수가 더 스트레스를 받고 있는 것이다.

따뜻해지면
좋은 게 아닐까?

몇 년 전 봄이었다. 봄은 눈으로도 즐기지만 제대로 즐기려면 입으로도 느껴야 한다는 생각에 쌉싸름한 제철 곰취 나물을 주문하려고 강원도 양구군 특산물을 살펴보다가 의외의 농산물을 발견했다. 바로 사과였다. 양구군은 대표적인 고산지대이기 때문에 일반적으로 생산되는 특산물은 시래기, 곰취, 옥수수 정도였다. 그런데 대구와 경북이 주산지였던 사과가 양구에서 재배되고 있는 것이다.

대구를 주산지로 했던 사과는 경북과 충북을 지나 강원도까지 올라갔고, 제주도의 한라봉은 경주에서 신라봉이라는 이름으로 재배되고 있다. 기후변화가 농작물의 주산지를 북쪽으로 한참 밀어 올리면서 예전 초등학교 시험에 단골로 나왔던 농산물의 주산지 개념이 송두리째 흔들리고 있다. 전문가들은 농작

물의 주산지 변화뿐만 아니라 기후변화가 가져올 훨씬 심각한 경고를 연일 쏟아내고 있다. 빙하가 녹아 북극곰 살 곳이 사라지고 머지않아 몇몇 섬나라는 물에 잠긴다는 예측도 있다.

일반 시민들도 기후가 이미 변했다는 사실은 알지만, 그 심각성과 장래 예측에 대해서는 전문가와 상당한 차이를 두고 있는 듯하다. 오히려 일부 사람들은 기후변화에 대해 "지구가 따뜻해지면 좋은 거 아냐?", "물이 부족한데 비가 많이 오면 좋은 게 아닐까?"라는 근거 없는 낙관론을 펼치기도 한다.

우리가 일기예보를 통해 자주 접하는 날씨는 특정한 지역의 대기 상태를 의미한다. 비가 오거나, 춥거나, 더운 대기 상태를 말한다. 이에 비해 기후는 특정 지역의 날씨를 30년 동안 평균한 자료이다. 사람에 비유하면 날씨는 기분이라고 할 수 있고, 기후는 성격이라고 할 수 있다. 기분은 상황에 따라 달라지지만 성격은 잘 바뀌지 않듯이 날씨와 기후도 마찬가지이다. 날씨는 자주 변하지만 기후는 잘 바뀌지 않는다.

최근 들어 자주 듣는, 기후가 변했다는 말은 지난 30년 동안의 평균치를 벗어나는 기상 이변이 자주 일어나고 있음을 의미한다. 사람으로 말하면 30년 지기 친구가 갑자기 예전에 하지 않던 행동을 하기 시작한 셈이다. 안타깝게도 그 친구 성격은 예전으로 돌아가기는커녕 점점 더 괴팍해지고 선을 넘는 돌출 행동도 잦아졌다.

기후변화는 대기 중에 이산화탄소로 대표되는 온실가스가 증가해 지구가 점점 따뜻해지면서 폭우, 폭염, 태풍, 가뭄 등의 기상이변이 잦아지는 현상이다. 지구의 평균온도는 산업혁명 이전에 비해 1.09도 높아졌다고 한다. 언뜻 생각하면 200년 동안 1도 상승한 것에 지나치게 예민한 반응을 보인다고 할 수도 있다. 그런데 문제는 온도의 상승 속도가 너무 빠르고 다른 기상 현상에도 영향을 미쳐 악순환이 가속화된다는 점이다.

　온도 상승이 가속화되는 악순환 과정을 좀 더 자세히 살펴보자. 지구 평균온도가 올라가 빙하가 녹으면 극지방을 덮고 있던 '하얀' 얼음은 '검푸른' 바다로 바뀐다. 햇빛을 반사하던 하얀색이 햇빛을 흡수하는 검푸른 색깔로 바뀌면서 지구에 흡수되는 태양에너지의 양이 늘어난다. 바다는 더 따뜻해지고 빙하가 녹는 속도는 더 빨라진다. 바닷물이 따뜻해지면 증발하는 수증기량도 늘어나는데, 수증기도 이산화탄소처럼 지구를 따뜻하게 하는 온실가스 역할을 한다. 이런 악순환을 거치면서 지구 온도의 상승 속도는 점점 빨라진다.

　그런데 지구 온도가 올라가면 폭우와 가뭄 등 기상이변은 왜 더 자주 일어나는 것일까? 지구가 따뜻해지면 육지와 바다에서는 더 많은 증발이 일어난다. 물을 뺏긴 토양은 건조해져 가뭄이 심해지고 대기 중에는 수증기가 많아진다. 대기 중에는 평소에 비해 훨씬 많은 수증기를 가진 구름이 만들어지고 많은 수증기를 가진 구름은 폭우를 쏟아낼 수밖에 없다. 이런 이유 때문에 지구가 따뜻해지면 어떤 지역은 가뭄이 계속되고 어떤 지역은 기록적인 폭우가 쏟아진다. 비가 올 때는 집중호우로 침수가 일어나고 비가 그치고 나면 증발량 증가로 토양은 건조해지고 폭염이 빈발하는 악순환이 반복된다.

기후변화로 기상이변이 빈번해지고 있지만 기후변화를 사기극이라고 하는 주장도 있다. 수십만 년 동안의 지구 평균온도 변화를 보면 몇만 년 주기로 오르내리기를 반복하기 때문에 현재의 지구 온도 변화도 단지 상승 주기에 있을 뿐이라는 설명이다. 지구의 온도 변화만 보면 설득력 있는 주장으로 느껴질 수도 있지만 이산화탄소 농도와 온도 변화를 함께 비교해 보면 이야기는 달라진다. 남극의 고대 얼음에서 분석한 80만 년 동안의 지구 온도와 이산화탄소 농도 변화를 보면 이 둘은 마치 쌍둥이처럼 비슷한 형태를 나타낸다. 이산화탄소 농도가 증가하면 온도가 높아지고 이산화탄소 농도가 감소하면 온도도 낮아진다. 지구 평균온도가 이산화탄소 농도에 따라 영향을 받는다는 것이 명백해진 셈이다. 그리고 이산화탄소 농도는 산업혁명을 계기로 전례 없이 증가해 최근에는 지구 역사 450만 년 만에 가장 높은 수치를 기록했다.

과학자들은 기후변화가 가속화되는 악순환을 막기 위해서는 대기 중 이산화탄소 농도가 350피피엠ppm을 넘으면 안 된다

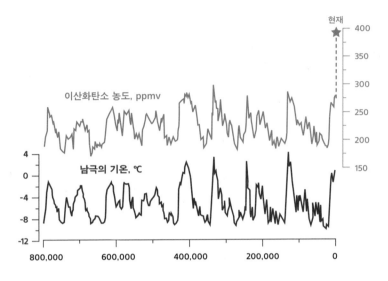

이산화탄소 농도, ppmv

남극의 기온, ℃

현재

지난 80만 년 동안의 남극 이산화탄소 농도와 기온 변화, 출처: UWPCC

고 주장한다. 하지만 이산화탄소 농도는 2020년에 이미 415피피엠을 기록했고 해마다 2~3피피엠씩 증가하고 있어 그 심각성을 더해준다.[10]

30년 지기 친구가 갑자기 성격이 괴팍해져 나에게 감당하기 힘든 돌출 행동을 한다면 어떻게 대응해야 할까? 사람이라면 만나지 않는 것도 대안이 되겠지만 그 상대가 기후변화인 경우 우리에게 그런 선택지는 없다. 친구가 왜 그런 행동을 하는지 이유를 찾아 해결하는 것이 최선의 대안이다. 그리고 그대안은 대기 중 이산화탄소 농도를 낮추는 방법밖에 없다. 우

리나라를 비롯한 세계 여러 나라가 이산화탄소 감축 목표치를
제시하는 것도 바로 이 때문이다.

집 안으로 들어온
화장실 혁명

　지저분하고 악취 풍기는 뒷간이 어떻게 집 안으로 들어올 수 있었을까? 그것은 수세식 변기와 하수도 덕분이다. 하지만 역사를 조금만 거슬러 올라가면 세계 모든 나라에서 화장실은 멀수록 좋은 시설이었다. 중세 유럽에서는 화장실 부족으로 거리에는 오물이 넘쳐났고 악취가 코를 찔렀다. 하이힐이 거리에 널린 오물을 피하기 위해 발명되었다는 주장까지 있을 정도이다.

　과거에 도시에서 지저분한 오물을 버리기에 가장 좋은 곳은 하천이었다. 이런 이유로 도시에 있는 하천은 하천이라기보다는 오물을 버리는 하수구에 가까웠다. 하수도의 역사는 기원전까지 거슬러 올라가지만 당시의 하수도 시설은 더러운 물을 모아서 하천으로 보내기 위한 이송 수단에 불과했다. 상황이 이렇다 보니 하수도와 수세식 화장실이 보급될수록 하천으로 흘러드는 오물의 양은 오히려 증가하는 역설적인 결과를 가져왔다.

하천 수질오염의 심각성을 인식하고 하수처리의 필요성을 가장 먼저 느꼈던 나라는 영국이었다. 영국 런던은 산업혁명으로 도시에 인구가 집중되면서 하수뿐만 아니라 공장폐수마저 하천으로 흘러들었다. 1800년대 초반부터 하수처리의 필요성이 제기되었지만 막대한 예산 탓에 하수처리 시설 설치는 지지부진했다. 영국에서 하수처리 시설이 본격적으로 설치될 수 있는 계기를 마련해 준 것은 콜레라였다. 1854년 영국에서만 2만 3000명의 사망자를 발생시킨 콜레라의 감염 경로가 오염된 물이라는 사실이 밝혀지면서 하수처리 시설 설치가 본격화된 것이다.

우리나라의 하수처리 역사는 1976년 청계천 하수종말처리장이 준공되면서 시작되었다. 1980년 초에 10퍼센트가 채 되지 않던 하수처리율은 2020년 기준 95퍼센트 수준까지 높아졌다.[11] 하수처리장은 하천의 수질 관리를 위해 없어서는 안 될 시설이지만 악취와 경관 때문에 도시의 대표적인 기피 시설이 되어버렸다.

도시가 점점 커지면서 하수처리장을 설치하기에 적합한 곳을 찾기는 점점 어려워지고 주민들과의 갈등이 끊이지 않는다.

이 갈등을 해결하기 위해서는 뒷간이 화장실로 변신했던 과정에서 배울 필요가 있다. 누구나 멀리하던 뒷간이 화장실이라는 이름으로 집 안까지 들어올 수 있었던 것은 뒷간이 가진 고질적인 악취와 지저분함을 해결했기 때문이다. 도시의 뒷간이라 할 수 있는 하수처리장이 도시 안으로 들어오기 위해 가장 먼저 해결되어야 할 것도 악취와 경관이다.

악취와 경관을 해결하는 가장 일반적인 방법은 시설을 지하에 설치하고 지상은 공원으로 만드는 것이다. 다행히 이런 방식의 접근이 점점 늘어났고, 주민들의 반응도 좋아지고 있다. 경기도 용인시의 수지레스피아가 좋은 사례라고 할 수 있다. 레스피아는 하수처리장의 부정적인 이미지를 탈피하기 위해 지자체가 새로이 도입한 용어이다. 하수처리장의 지상에는 스포츠센터, 문화예술 공간이 자리하며 근처에는 백화점도 있다. 뒷간이 악취와 지저분함을 해결하면서 집 안으로 들어왔던 것처럼 하수처리장도 악취와 경관에 대한 고민을 해결하면서 대표적인 기피 시설에서 도심의 휴식 공간으로 변신하고 있다.

여전히 우리가 인식을 바꾸지 못한 것이 있다. 바로 하수를 처리해서 내보내는 방류수에 대한 인식이다. 하수처리 기술의 발달로 이 물은 어지간한 하천수 이상의 수질을 유지하지만 하수처리장에서 나온 물이라는 막연한 불안감 때문에 다시 재활용되는 비율이 15퍼센트에 지나지 않는다. 우리나라 698개 하

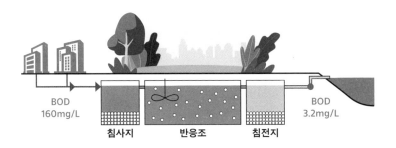

BOD
160mg/L

침사지　　　반응조　　　침전지

BOD
3.2mg/L

하수처리장 지하화

수처리장에서 흘러 나오는 방류수량은 매일 2000만 톤으로[12] 청계천 유량의 약 500배에 해당한다. 하지만 이 양의 대부분은 제대로 활용되지 못하고 하천으로 그냥 흘러가 버린다.

　기술 발달과 인식 변화로 뒷간이 집 안으로 들어오고 하수처리장이 도심의 휴식 공간으로 바뀌고 있음에도 아직까지 하수처리장에서 나온 물은 하수를 처리했다는 낙인 때문에 제대로 활용되지 못하고 하천으로 내보내진다. 막연한 찜찜함 때문에 매일 청계천 500개를 채울 물을 그냥 보내기에는 우리나라 물 사정이 너무 팍팍하다.

평균 수명은
무엇이 연장시켰을까?

영국의학저널The BMJ은 2007년 흥미로운 설문 조사를 실시했다. 저널 구독자인 의사를 대상으로 지난 150년 동안 의학 분야의 이정표가 될 만한 업적을 묻는 설문이었다. 그런데 결과는 의외였다. 1위를 차지한 업적이 의학 분야가 아니었기 때문이다. 1위를 차지한 업적은 놀랍게도 상하수도였다. 우리가 1위일 거라고 예상했던 업적은 2위부터 자리를 채웠다. 2위 항생제, 3위 마취제, 4위 백신, 5위 DNA 구조 발견의 순서였다.

설문에 응했던 의사들은 인류 건강에 가장 크게 기여한 기술은 의학 발달이 아닌 상하수도 보급이라고 생각한 것이다. 이와 비슷한 결과는 미국 질병통제예방센터CDC의 자료에서도 확인할 수 있다. 해당 자료는 인류 평균수명이 1900년 47.3세에서 1999년 77세로 100년 사이에 30년가량 늘어났는데, 상하수도 보급으로 1900년 주요 사망 원인이었던 폐렴, 결핵, 콜레라가 확연하게 줄었기 때문이라고 했다.

우리는 코로나19를 겪으면서 의학 기술과 방역 체계가 잘 갖춰진 오늘날에도 전염병의 위력을 실감하고 있다. 병의 원인도, 감염 경로도, 치료법도 몰랐던 과거에 창궐한 전염병에 대해 인류가 느꼈을 공포감과 무력감은 언급이 필요 없을 듯하다. 역사상 악명 높았던 전염병은 흑사병, 스페인독감, 그리고 콜레라이다. 이 전염병들은 수천만 명에서 많게는 수억 명의 목숨을 앗아갔다.

우리에게 익숙한 콜레라는 조선 시대에도 그 기록을 찾을 수 있다. 조선왕조실록의 순조 21년인 1821년 기록을 보면 "가을에 괴질이 유행해 서쪽에서부터 들어왔는데 열흘 사이에 도하(한양 도성 지역)에서 발생한 사망자의 수효가 수만 명에 달했다"라고 적고 있다. 당시 콜레라는 괴질, 호열자 등으로 불렸는데, 호열자는 호랑이가 살을 찢는 듯한 고통을 느낀다고 붙여진 이름이라고 하니 당시 사람들의 두려움은 짐작하고도 남는다. 실록에 서쪽으로부터 들어왔다고 기록하고 있는 것처럼 콜레라는 1800년대 조선뿐만 아니라 중국, 동남아, 그리고 이보다 앞서 전 세계적으로 유행했었다.

1821년 8월 13일, 평안감사 김이교는 순조에게 아뢰기를 "평양부의 성 안팎에 지난달 그믐 사이에 갑자기 괴질이 유행해 토사(구토와 설사가 같이 나타나는 것을 이르는 말)와 관격(급체로 가슴이 막혀 구토를 하거나 대소변을 보지 못하는 병증)을 앓아 잠깐 사이에 사망한 사람이 10일 동안에 자그마치 1천여 명이나 되었습니다. 의약도 소용없고 구제할 방법도 없으니, 목전의 광경이 매우 참담합니다"라고 했다. 원인도 치료법도 몰랐던 당시 정부 관리가 느꼈을 무력감이 절절하게 전해진다. 당시 전염병을 물러나게 하는 방법은 하늘에 제사를 지내거나 주술적인 민간 신앙에 의지하는 방법이 유일했다. 동짓날 팥죽을 쑤어 가족이 나눠 먹고, 대문 입구에 붉은 팥죽을 뿌리는 전통도 여기에서 유래했다.

콜레라의 대표적 증상은 설사다. 급성 설사가 이어져 탈수가 빠른 속도로 진행되기 때문에 결국에는 사망에 이르게 된다. 1940~1950년대에도 치사율이 40퍼센트 이상에 이르렀으니 항생제는커녕 치료법도 전혀 몰랐던 조선 시대에 콜레라에 걸리면 십중팔구는 죽음을 면치 못했을 것이다.

전 세계를 공포로 몰아넣었던 콜레라는 대표적인 수인성 전염병이다. 물에 원인이 있는 전염병이라는 의미이다. 하지만 콜레라가 창궐했던 당시 조선은 물론이고 가장 먼저 산업화를 이뤘던 영국도 콜레라의 정확한 감염 경로를 모르기는 마찬가지였다. 당시 영국 사람들은 나쁜 공기가 전염병을 옮긴다고 생각했다. 그런데 이 주장에 의문을 제기한 사람이 있었다. 바로 잉글랜드 의사 존 스노John Snow였다. 스노는 콜레라 환자 발생 기록을 지역별로 정리하던 중 놀라운 사실을 발견한다. 콜레라 환자의 사망률이 지역에 따라 차이가 크고, 그 차이는 급수원에 따라 달라진다는 사실이었다. 그 발견으로 콜레라 감염 경로가 오염된 물이라는 사실이 밝혀졌고 상하수도 시설이 보급되는 계기가 되었다. 우리나라는 1976년 청계천 하수종말처리장을 시작으로 하수처리장이 꾸준히 확대되어 2020년 기준 하수처리율은 95퍼센트를 넘어섰다. 상수도 보급률은 이보다도 높은 99.4퍼센트를 기록하고 있다.

상하수도 보급 덕분에 콜레라, 이질, 장티푸스 등의 수인성 전염병은 우리나라에서 거의 사라졌다. 하지만, 전 세계 80억 명의 인구 중 3분의 1에 해당하는 26억 명은 여전히 깨끗한 물을 이용하지 못한다. 이 때문에 저개발국에서 발생하는 질병의 80퍼센트는 수인성 질병이고, 세계의 많은 사람은 여전히 오염된 물로 고통받고 있다.

하수처리 덕분에 인류의 건강은 획기적인 발전을 이뤘다. 그런데 하수도의 인류 건강에 대한 기여는 여기에 그치지 않는다. 최근 코로나19 상황에서 코로나 확산을 예측하고 대응하는 데도 적용될 수 있다. 코로나 확진자는 배설물을 통해 바이러스를 내보내기 때문에 하수를 분석하면 특정 지역의 확산 양상과 변이 추이를 사전에 파악할 수 있다. 원리는 의외로 간단하다. 우리가 코로나 확진 여부를 판정할 때 실시하는 PCR 검사 방식과 유사하기 때문이다. 하수관을 타고 흘러나오는 하수를 채취해 정제한 후 PCR 검사를 통해 코로나19 바이러스를 검출한다. 여러 지점에서 하수를 채취해 분석하면 바이러스 발생 지역을 추적할 수 있고 대확산이 일어나기 전에 선제적인 조치를 할 수 있다. 그뿐만 아니라 마약과 같은 금지 약물이 남용되는 지역도 파악할 수 있다.

사람들은 지난 150년간 인류 건강에 획기적인 기여를 한 업적으로 깨끗한 물을 꼽았다. 앞으로 100년 뒤 우리에게 가장 소중한 자원이 무엇이냐고 묻는 질문에도 '물'이 부동의 1위를 차지하기를 기대해 본다.

아이스 아메리카노와
북극곰

숨이 턱턱 막힐 만큼 더운 날, 시원한 탄산음료나 얼음을 잔뜩 띄운 아이스 아메리카노 한 잔은 생각만 해도 시원하다. 얼음을 띄운 시원한 음료를 마시다가 문득 이런 생각이 들 때가 있다. "고체인 얼음이 어떻게 액체인 물 위에 뜨는 걸까?"

학창 시절 기억을 더듬어보면 물은 고체인 얼음이 되면 부피가 커지기 때문에 가벼워져서 물 위에 뜬다고 배웠다. 물이 얼음이 되면서 부피가 커지고 그래서 가벼워진다는 사실을 신기하게 받아들이는 사람은 거의 없다. 하지만 지구상에 존재하는 거의 모든 물질은 고체가 되면 부피가 작아지면서 무거워진다. 고체가 액체보다 가벼운 물질은 물이 거의 유일하다고 볼 수 있다. 따라서 얼음이 물보다 가벼워지는 이 현상은 과학의 눈으로 보면 정말 신기함 그 자체라고 할 수 있다.

만일 물이 지구상의 다른 물질처럼 얼음이 될 때 부피가 작아져 물보다 무거워진다면 어떤 일이 벌어질까? 물론 현실적으로 불가능한 현상이지만, 이 생뚱맞은 질문에 대한 답을 찾다 보면 물은 생명의 근원이라는 상당히 차원 높은 명제에 다다르게 된다.

테이블 위에 있는 아이스 아메리카노의 얼음이 더 이상 물위에 뜨지 않고 물 아래로 가라앉는다고 가정해 보자. 처음 보는 광경이라 좀 신기하긴 하겠지만 우리가 아이스 아메리카노의 시원한 맛을 즐기는 데는 문제가 없을 듯하다.

그렇다면 이 현상이 물컵을 벗어나 자연 속에서도 똑같이 일어난다면 무슨 일이 벌어질까? 겨울에 강과 호수가 얼면서 얼음이 생기면 그 얼음은 물 위에 떠 있지 않고 바닥으로 가라앉을 것이다. 겨울이 깊어지면서 날씨가 더 추워지면 호수와 강바닥에는 점점 더 많은 얼음이 쌓인다. 시간이 좀 더 흘러 강과 호수가 큰 얼음덩어리로 변하면 그 속에 살던 모든 생물은 얼음 속에 갇혀 죽음을 맞이할 수밖에 없다. 얼음이 물속에 가라앉으면 생존에 위협을 느끼는 것은 물속에 사는 생물만이 아니다. 북극곰과 펭귄처럼 얼음 위에서 사는 생물도 삶의 터전을 잃는 상황은 마찬가지이다.

상상을 멈추고 이제 현실로 돌아와 보자. 아이스 아메리카노 속 얼음은 다행히 물 위에 떠 있고, 우리가 방금 전에 상상했던 끔찍한 일은 현실에서 일어나지 않는다.

얼음이 물속에 가라앉지 않아서 다행인 이유가 하나 더 있다. 물 위에 뜬 얼음은 일종의 덮개 역할을 한다. 날씨가 계속 추워지면 얼음이 점점 두꺼워져 차가운 공기를 차단해 주는 보온재 기능을 한다. 날씨가 아무리 추워져도 얼음의 보온 기능 덕분에 얼음 아래에 있는 물은 얼지 않는다. 얼음이 물 위에 뜨는 성질 덕분에 물속에서 사는 생물도, 얼음 위에서 사는 생물도 안전하게 겨울을 나는 셈이다.

물이 얼음으로 될 때 부피가 커지는 물의 독특한 성질은 육상 생태계를 유지하는 데도 결정적 역할을 한다. 육상 생태계가 존재하기 위해서는 1차 생산자인 식물이 있어야 하고 식물이 자라기 위해서는 부드러운 흙이 있어야 한다. 육상 생태계를 지탱해 주는 부드러운 흙은 물이 없으면 존재할 수 없다. 큰 바위가 작은 돌멩이를 거쳐 부드러운 흙이 되는 풍화작용을 생각해 보자. 거대한 바위 틈 사이에 스며든 물이 얼어 팽창하면서 큰 바위는 작은 바위로, 작은 바위는 자갈로, 자갈은 모래가 된다. 결국 이 과정을 거쳐 큰 바위는 흙이 된다. 물이 얼면서 팽창하지 않는다면 부드러운 흙은 만들어질 수 없고, 다양한 식물은 존재할 수 없다.

자연 속에서는 절대적으로 필요한 물의 이러한 특성이 우리 일상 속에서는 때로 불편을 주기도 한다. 겨울에 수도관 파열로 단수가 되었다는 뉴스를 심심찮게 접하게 되는데, 수도관이 얼어서 터지는 것도 바로 물이 얼음으로 될 때 부피가 팽창하기 때문이다.

아이스 아메리카노 한 잔을 앞에 두고 많은 생각을 했다. 당연하게 보였던 물 위에 떠 있는 얼음도 알고 보면 신기하고 고마운 현상이다. 마치 우리가 너무나 당연하게 생각하는 것들이 곰곰이 생각해 보면 소중하고 고마운 존재인 것처럼 말이다.

8

아무리 추워도
얼지 않는 호수

한강이 얼었다는 소식은 본격적인 추위가 시작되었음을 의미한다. 우리나라 기상청은 매년 한강 결빙 소식을 발표한다. 그런데 기상청은 한강의 어느 기점을 기준으로 결빙 여부를 판단하는 것일까? 한강은 서울을 통과하는 구간만 30킬로미터가 넘기 때문에 어느 곳에서는 물이 얼지만, 어느 곳에서는 그렇지 않을 수도 있을 텐데 말이다.

기상청은 한강 결빙을 측정하는 곳을 따로 정해놓았는데 그 지점은 한강대교이다. 정확한 지점은 한강대교 남쪽에서 두 번째 교각과 네 번째 교각 부근, 즉 노들섬과 남쪽에 있는 올림픽대로의 중간 지점이다. 이 지점이 얼음으로 덮여 강물이 보이지 않을 때 한강이 결빙되었다고 판단한다.

여기가 한강 결빙 관측 지점으로 정해진 시기는 한강대교가 놓이기 한참 전인 1906년으로 거슬러 올라간다. 당시 이곳은 다리 대신 노들 나루터라는 뱃터였다. 나루터가 있어 관측을 위한 접근이 쉬웠고, 서울을 통과하는 한강의 중간 지점에 있었기 때문에 대표성도 있었다.

일반적으로 영하 5도 정도의 추운 날씨가 3일 이상 지속되면 한강이 어는데 1906년부터 관측한 결과 한강이 결빙되기 시작하는 시기는 1월 13일경이다. 120여 년의 관측 기간 동안 한강이 얼지 않았던 때도 있었다. 1960년, 1971년, 1972년, 1978년, 1988년, 1991년, 2006년, 2019년은 한강이 얼지 않았다. 한강 결빙은 겨울철 혹한의 상징적인 의미가 있기 때문에 강물이 얼었다는 사실이 뉴스거리가 되곤 한다. 뉴스를 통해 한강 결빙 소식을 듣게 되면 사람들은 '아, 이제 깊은 겨울에 접어들었구나'라고 생각한다.

한강 결빙 소식이 들릴 정도로 한파가 몰려오면 우리나라 대부분의 하천과 호수도 꽁꽁 얼어붙는다. 화천 산천어축제, 인제 빙어축제 등 얼음을 주제로 하는 겨울 축제를 시작할 때가 되었다는 의미기도 하다. 그런데 아무리 매서운 한파가 몰려와도 얼지 않는 호수가 있다. 대표적인 곳이 강원도 춘천에 있는 소양호이다. 빙어축제가 열리는 인제와 양구의 소양호 상류 지역은 얼지만 소양댐 수문이 있는 곳은 얼지 않는다. 소양호뿐만 아니라 수심이 깊은 대형 호수 대부분은 겨울에도 수면

이 얼지 않는다. 소양호가 있는 춘천의 겨울철 최저기온은 영하 7.5도로 서울에 비해 3도 이상 낮다. 한강 결빙 소식이 들릴 때면 소양호 수면은 당연하게 얼음으로 덮일 것 같지만 예상과 달리 겨울 내내 호수 수면은 얼지 않는다.

대형 호수는 왜 영하의 혹한이 계속되어도 얼지 않는 것일까? 비밀은 수온에 따라 달라지는 물의 밀도에 있다. 수온이 낮아지면 밀도가 커져 무거워지고 수온이 높아지면 그 반대 현상이 일어난다. 온도에 따라 물이 무거워지기도 하고 가벼워지기도 한다는 사실은 차가운 물과 따뜻한 물이 위아래로 순환할 수 있다는 것을 의미한다. 그 과정을 좀 더 자세히 알아보자.

호수에 겨울이 찾아와 날씨가 추워지면 찬 공기와 접하고 있는 호수 수면은 수온이 낮아진다. 수온이 낮아진 물은 밀도가 커져 무거워지면서 아래쪽으로 움직이기 시작한다. 수면에 있던 무거운 물이 아래로 내려가면 아래쪽에 있던 물은 상대적으로 수온이 높고 가볍기 때문에 밀려서 위쪽으로 올라간다. 호수 수면의 차가운 물과 아래쪽의 따뜻한 물이 교체되는 대류 현상으로 수면의 온도는 생각만큼 빨리 내려가지 않는다. 이 대류 현상은 호수 전체에서 일어나는 순환이기 때문에 수심이 깊은 호수일수록 순환에 긴 시간이 걸리고 수면의 온도가 내려가는 속도도 느려진다. 영하의 날씨가 며칠째 계속되어도 깊은 호수의 수온은 좀처럼 0도 아래로 떨어지지 않는다. 이렇게 온

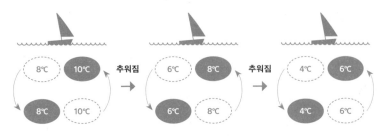

대형 호수가 얼지 않는 이유

도가 천천히 낮아지면서 수면이 얼지 않은 채로 겨울을 보낼 수 있는 것이다.

대형 호수보다 수심이 얕은 호수에서는 수면과 바닥에 있는 물이 순환되는 시간이 짧기 때문에 수면의 수온이 빨리 내려간다. 영하의 날씨가 며칠만 계속되어도 호수 수면이 얼기 시작한다. 수도권의 상수원인 팔당호를 예로 들면 수심이 20미터 정도로 깊지 않기 때문에 겨울에 날씨가 추워지면 수면이 얼음으로 덮인다.

옛날에는 하천과 호수의 얼음 위에서 빙상 대회를 개최하는 일이 많았지만 요즘에는 흔치 않은 풍경이 되었다. 실내 빙상장이 잘 갖추어진 이유도 있지만, 하천과 호수에 얼음이 예전처럼 단단하게 얼지 않는 것이 더 큰 이유라고 할 수 있다.

한강의 결빙 기간과 얼음 두께를 보면 그 차이가 뚜렷하다. 한강의 결빙 일수는 1960년대 42.2일, 1990년대 17.1일, 그리고 2000년에는 14.5일로 점점 줄어들고 있다. 얼음 두께도 과거에는 30센티미터 이상으로 두꺼웠지만 최근에는 10센티미터 안팎으로 얇아져 얼음 위에서 빙상 대회를 개최한다는 것은 상상할 수 없는 일이 되었다. 매년 겨울이 올 때마다 사람들은 "올해가 제일 추운 것 같아"라고 이야기하지만 겨울은 분명히 점점 따뜻해지고 있다.

9

나무 꼭대기까지
물은 어떻게 올라갈까?

세상에서 가장 키가 큰 나무는 몇 미터나 될까? 세상에서 가장 큰 나무는 미국 캘리포니아주 북서부의 레드우드 국립공원에 있는 하이페리온Hyperion이라는 이름을 가진 레드우드(미국 삼나무)이다. 나무 높이는 120미터 정도로 40층짜리 건물과 비슷하다.

나무가 이렇게 높이 자라는 것은 광합성에 필요한 햇빛을 잘 받기 위해서인데, 다른 나무들보다 키가 크면 햇빛을 받는 데 유리하기 때문이다. 그런데 나무의 키가 커지면 고려할 사항도 생긴다. 높은 나무 꼭대기까지 어떻게 물을 올려 보낼 것인가 하는 고민이다.

하이페리온은 수령이 800년 정도인데 그 긴 시간 동안 120미터까지 성장한 것을 보면 물을 올려 보내는 데 별 어려움이 없었던 모양이다. 언뜻 생각하면 나무가 자신의 가장 높은 곳까지 물을 올려 보내는 게 당연한 일일 수 있지만 사람이 이 일을 하기 위해서는 꽤 덩치 큰 기계의 힘을 빌려야 하는 힘든 작업이다. 고층 건물에 수돗물을 공급하기 위해 설치하는 고성능 펌프도 높이 20층 이상까지 직접 올려 보내기에는 쉽지 않으니 말이다. 그런데 아무런 동력도 사용하지 않는 나무는 어떻게 높이 40층까지 물을 올려 보낼 수 있는 것일까?

높은 나무 꼭대기까지 물이 전달되는 원리는 아직 명확하게 밝혀지지 않았다. 뿌리에서 밀어 올리는 뿌리압, 나뭇잎에서 끌어당기는 힘, 그리고 줄기에서 물관을 타고 물이 올라가는 모세관 현상 등이 복합적으로 작용해 나무 꼭대기까지 물이 전해진다고 보는 것이 일반적인 학설이다.

물이 올라가는 데 관여하는 현상을 하나씩 구체적으로 살펴보자. 먼저 땅속에 있는 물을 뿌리로 빨아들이는 삼투현상이다. 삼투현상에 의해 땅속에 있는 물이 나무뿌리 속으로 이동하면 뿌리 속 물의 압력인 뿌리압이 높아진다. 뿌리에서 밀어 올리는 이 압력으로 물은 줄기를 타고 서서히 위쪽으로 이동하는 셈이다. 나무의 뿌리압은 수종과 계절에 따라 달라지지만 보통 몇 미터 높이까지 물을 밀어 올릴 수 있다.

뿌리압이 뿌리에서 나무 꼭대기로 물을 밀어 올리는 힘이라고 하면 나무 꼭대기에서 물을 끌어당기는 힘도 있다. 바로 흡인력이다. 광합성을 통해 나뭇잎 기공에서 수증기를 내보내면 물을 공급하는 물관 내부는 압력이 낮아지고, 물관 내부의 낮아진 압력은 아래쪽에 있는 물을 끌어 올리게 된다. 마치 빨대로 물을 빨아올리는 원리와 같다. 나무에 잎이 무성해 광합성이 활발해지면 기공을 통해 내보내는 물의 양이 증가하고 물을 빨아올리는 힘도 커진다. 이 흡인력은 나무 꼭대기까지 물이 올라가는 데 가장 큰 영향을 미치는 것으로 알려져 있다.

뿌리압과 흡인력 외에 영향을 미치는 것은 물이 나무줄기에 있는 물관을 타고 위로 올라가는 모세관 현상이다. 물은 다른 물질에 달라붙는 부착력과 같은 물 분자끼리 잡아당기는 응집력이 매우 강한 물질이다. 선두에 있는 물 분자가 부착력을 발휘해 물관을 타고 올라가기 시작하면 나머지 물 분자들이 응집력을 이용해 선두를 따라가는 방식이다.

100미터가 넘는 높이의 나무 꼭대기까지 물이 올라갈 수 있는 이유를 삼투현상에 의한 뿌리압, 증산작용에 의한 흡인력, 그리고 모세관 현상 등으로 설명했지만 아쉽게도 이것만으로는 높은 나무 꼭대기까지 물이 올라가는 현상을 충분하게 설명해 줄 수 없다.

나뭇잎의 증산작용에 의해 물을 끌어 올리는 흡인력이 가장 큰 동력이라고 했지만, 이른 봄에 나뭇잎이 전혀 없는 상태에서도 물은 공급된다. 또 이 논리는 한여름에 잎이 무성하고

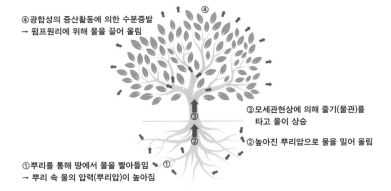

④광합성의 증산활동에 의한 수분증발
→ 펌프원리에 위해 물을 끌어 올림

③모세관현상에 의해 줄기(물관)를 타고 물이 상승

②높아진 뿌리압으로 물을 밀어 올림

①뿌리를 통해 땅에서 물을 빨아들임
→ 뿌리 속 물의 압력(뿌리압)이 높아짐

증산작용이 활발할 때에도 설득력이 부족하기는 마찬가지이다. 빨대의 원리로 물을 끌어 올릴 수 있는 높이는 대기압이 밀어 올릴 수 있는 한계인 10미터를 넘지 못하기 때문이다. 이 높이 한계는 자연의 법칙이기 때문에 기계 힘을 빌려도 마찬가지이다. 아무리 성능 좋은 펌프도 빨아올리는 방식으로는 10미터 이상의 높이로 물을 끌어 올리지는 못한다.

흡인력 다음으로 중요한 힘은 뿌리압인데, 뿌리압 역시 밀어 올릴 수 있는 물의 최대 높이가 수 미터에 불과하다. 물관에서 모세관 현상으로 올라갈 수 있는 물의 높이는 다른 힘보다 훨씬 약해 수 센티미터를 넘지 못한다. 나무 꼭대기까지 물을 올려 보낼 수 있는 흡인력, 뿌리압, 그리고 모세관 현상을 다 더해도 그 높이는 10여 미터에 불과하다. 나무 꼭대기까지 물이 올라가는 현상에 대해 장황하게 설명했지만 결국 시원한 답은 찾지 못한 셈이다. 간단해 보이는 자연현상도 과학으로 명쾌하게 설명하기는 참 쉽지 않다. 인공지능이 사람보다 바둑도 잘 두고 운전도 잘하는 시대에 살고 있지만, 자연은 여전히 우리에게 신비함 그 자체이다.

10

북극곰과 펭귄,
누가 추위를 덜 탈까?

지구에서 가장 추운 곳은 남극과 북극이다. 극지방의 혹독한 추위 때문에 인간을 비롯한 지구상의 동물들은 극지방 정착을 허락받지 못했다. 물론 예외는 있다. 상상을 초월하는 혹독한 추위에서 살아가도록 진화한 동물은 극지방에 정착했다. 북극의 북극곰과 남극의 펭귄이 대표적이다. 지구상에 있는 동물 중에서 가장 추위를 안 타는 동물인 것이다. 그렇다면 추위를 가장 덜 타는 동물은 북극곰일까 펭귄일까?

북극곰과 펭귄을 한곳에 불러놓고 추운 곳에서 오래 버티기 시합이라도 하면 쉽게 승부를 가릴 수 있겠지만 지구 양쪽 끝에 살고 있는 이 둘을 한곳에 불러 모은다는 것은 불가능하다. 다른 방법을 찾아봐야 한다. 직접 경기를 할 수는 없지만 북극곰이 살고 있는 북극과 펭귄이 살고 있는 남극의 평균기온을 비교해 보면 간접적으로 승부를 가려볼 수 있지 않을까?

남극과 북극은 지구에서 가장 추운 곳이지만, 두 지역의 평균기온을 비교해 보면 확연한 차이가 있다. 남극의 평균기온은 영하 55도 정도이고 북극은 영하 35~40도로 남극이 북극에 비해 15도 이상 더 춥다. 두 곳에 도달하는 태양에너지의 양은 비슷한데 왜 이렇게 온도 차이가 나는 것일까? 그것은 남극과 북극의 지형적인 특성 때문이다. 남극과 북극은 모두 얼음으로 뒤덮여 비슷해 보이지만, 남극은 땅 위에 얼음덩어리가 있는 대륙이고 북극은 물 위에 얼음덩어리가 떠 있는 바다이다. 주변이 바다로 둘러싸인 북극은 물에 의한 온도 조절이 가능하기 때문에 남극에 비해 덜 춥다. 따라서 추운 곳에서 오래 버티기 시합을 한다면 펭귄이 북극곰에 비해 한 수 위인 셈이다.

물이 북극의 온도 조절 기능을 할 수 있는 것은 물의 온도를 올리거나 내리기가 쉽지 않기 때문이다. 물은 지구에 있는 액체 중 가장 데우기 어려운 물질이다. 물질에 열이 가해질 때 온도가 올라가는 정도를 비열比熱이라고 한다. 비열은 물질 1그램의 온도를 1도 올리는 데 필요한 열량으로, 비열이 크다는 것은 온도를 올리는 데 많은 열이 필요하다는 의미이다. 우리가 일상에서 쉽게 접하는 물질 중 비열이 가장 큰 것은 물이다. 그래서 물의 비열을 1로 정하고 이것을 기준으로 다른 물질의 비열을 정했다. 우리에게 익숙한 물질의 비열을 보면 알코올 0.58,

알루미늄 0.2, 유리 0.2, 철 0.1, 금 0.03, 납 0.03 등이다. 같은 양의 열을 가하면 비열이 작은 물질이 빨리 뜨거워진다.

　물이 지닌, 잘 데워지지도 않고 잘 식지도 않는 성질은 인간의 생존에서 아주 중요한 온도 조절 기능을 담당한다. 우리 몸의 70퍼센트가량은 물로 구성되어 있기 때문에 외부의 온도가 급격하게 변하더라도 체온 변화는 크지 않다. 우리 몸의 대부분을 차지하는 물이 체온조절 기능을 하는 것처럼 지구의 많은 부분을 채우는 물은 지구의 온도 조절 기능을 담당한다. 이 온도 조절 덕분에 지구에서 가장 더운 곳과 가장 추운 곳의 온도는 영상 60도와 영하 60도 정도로 유지될 수 있다. 혹독하기는 하지만 생물이 살아갈 수 있는 서식 환경은 가능한 셈이다. 주변에 바다가 적은 남극이 물의 온도 조절 기능을 기대할 수 없어 지구에서 가장 추운 곳이 된 것처럼 지구에서 가장 더운 곳도 물이 부족한 적도 근처의 사막이다. 사막은 물에 의한 온도 조절이 어려워 낮에는 영상 60도의 폭염에 시달리지만 밤이 되면 10도 이하로 온도가 뚝 떨어진다. 낮에는 일사병으로 생명이 위협을 받지만, 밤에는 저체온증으로 목숨을 잃을 수도 있다.

　물의 온도 조절 기능은 물이 없는 달의 온도 변화를 보면 더욱 확실히 알 수 있다. 달은 지구와 비슷한 태양에너지를 받지만 최고 온도와 최저 온도가 영상 130도, 영하 180도를 나타낸다. 물에 의한 온도 조절 기능이 없어 생물이 살 수 없는 극한

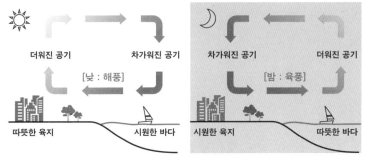

낮에는 해풍, 밤에는 육풍이 분다

의 온도 범위를 가진다.

비열에 따라 더워지고 식는 정도가 달라지는 현상은 바람을 불게 하는 주요 원인이기도 하다. 여름철 해변에서 시원한 해풍이 불어오는 것도 물과 모래의 비열 차이 때문인데, 모래의 비열은 0.2 정도로 물의 5분의 1 수준에 불과하다. 따라서 더운 낮에는 비열이 작은 육지가 바다보다 더 빨리 뜨거워진다. 지표면의 더워진 공기는 가벼워져 위로 올라가고 이 빈자리는 바다에 있는 공기가 이동해 채워준다. 이 공기 이동이 바로 바다에서 육지로 부는 해풍이 된다. 반대로 밤이 되면 육지는 금방식지만 바다는 아직 따뜻하기 때문에 바다 위에 있는 공기가 위로 상승하고 그 빈자리를 육지에 있는 공기가 이동해 채워준다. 이 바람은 육지에서 바다로 불기 때문에 육풍이라고 하는데, 낮에 불었던 해풍과는 반대 방향이다.

11

물도
껍질이 있다

예전에 학교 다닐 때 물이 가득 채워진 컵에 클립을 하나씩 넣는 실험을 해본 적이 있었다. 물이 가득 담긴 컵에 클립을 넣으면 금방이라도 넘칠 것 같지만 클립 한 통이 다 들어갈 때까지 물은 표면만 볼록하게 부풀어 오를 뿐 넘치지 않는다. 이 실험이 가능한 것은 물 분자가 서로 강하게 끌어당기기 때문이다.

물 분자가 서로 끌어당기는 이 힘은 표면을 당기고 수축시키는 힘이라는 의미로 표면장력이라고 한다. 물 표면은 표면장력에 의해 당겨지고 수축되어 탱탱해지기 때문에 우리 눈에는 마치 물 표면이 막으로 둘러싸였거나 투명한 껍질을 가진 것처럼 보이기도 한다.

우리가 보기에는 별것 아닌 것 같지만 자연 속에서는 이 힘이 아주 중요하게 작용한다. 심지어 작은 곤충에게는 치명적인 위협이 될 수도 있다. 1998년에 개봉한 〈개미〉라는 애니메이션 영화를 보면 주인공 일개미 Z가 이슬방울에 갇혀 빠져나오지 못하고 허우적거리며 위기를 맞는 장면이 나온다. 실제로 개미 크기의 작은 곤충이 물방울에 갇히면 표면장력을 이기고 물 밖으로 나올 수 없어 죽는다.

표면장력이 가장 큰 물질은 수은인데, 물보다 6.7배나 큰 값을 가져서 바닥에 떨어져도 물처럼 흩어지지 않고 마치 구슬처럼 굴러다닌다. 수은은 액체 형태를 갖지만 금속으로 분류되기 때문에 수은을 제외하면 물은 지구상에 존재하는 물질 중 가장 큰 표면장력을 가진다.

물의 표면을 당기고 수축시키는 표면장력 때문에 물방울은 잘 퍼지지 않고 동그랗게 뭉치는 경향이 있다. 이 때문에 풀잎에 맺힌 이슬과 빗방울이 둥근 모양을 갖는다.

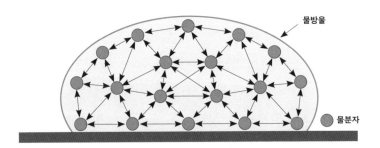

물의 표면장력

물의 표면장력은 물의 독특한 성질을 만들어내기도 한다. 물과 기름이 섞이지 않는 것도 표면장력 때문이다. 물 분자끼리 끌어당기는 힘이 강하기 때문에 기름이 물속으로 들어가지 못해 물과 기름은 섞이지 않는다. 물과 기름이 쉽게 섞이지 못하는 성질은 물을 이용해 때를 씻어내는 것을 어렵게 한다. 때는 주로 기름 성분으로 구성되어 있기 때문에 우리가 세탁이나 목욕을 할 때 물로만 씻어서는 때를 깨끗하게 제거할 수 없다. 이때 우리가 사용하는 것이 바로 세제와 비누이다. 세제와 비누는 물의 표면장력을 약하게 해 물과 기름의 경계면이 서로 섞이도록 활성화해 주는 역할을 한다. 세제와 비누를 계면활성제라고 부르는 것이 이 때문이다.

물의 표면장력은 물이 높은 나무 꼭대기까지 전달되는 과정에도 아주 중요한 역할을 한다. 앞서 나무 꼭대기까지 물이 올라가는 원리로 설명했던 모세관 현상을 가능하게 하는 힘이 바로 표면장력이기 때문이다.

물 표면을 단단하게 만드는 표면장력은 마술처럼 신기한 현상을 만들어내기도 한다. 동전을 물 위에 띄우는 실험도, 소금쟁이가 물 위를 걸어다니는 것도, 조약돌을 던져 물수제비를 만들 수 있는 것도 모두 물의 표면장력 덕분이다. 표면장력을 이용해 물 위를 걸어 다니는 동물은 소금쟁이뿐만이 아니다. 체중 200그램을 가지고도 물 위를 뛰어다니는 동물이 있다. 주인공은 바로 우리가 TV 다큐멘터리를 통해 한 번쯤은 봤던 바실리스크 도마뱀이다. 이 녀석이 물 위를 달리는 모습은 우스꽝스럽지만 1초에 20회나 움직이는 빠른 발을 가진 덕분에 표면장력을 이용해 물 위를 달릴 수 있다.

그렇다면 사람도 바실리스크 도마뱀처럼 물 위를 뛰어다닐 수 있을까? 충분히 넓은 발바닥과 매우 빠른 다리를 가지고 있다면 가능할 수도 있을 것 같다. 이론적으로 계산해 봤을 때, 우사인 볼트보다 4.6배 정도 빨리 뛰어야 하니 현실에서 일어나는 일은 없겠지만 말이다.

12

물은
극성스럽다

물과 알코올에 소금을 녹인다면 어느 쪽에 더 많은 양의 소금이 녹을까? 알코올은 소독제와 세척제로 다양하게 사용되기 때문에 언뜻 생각하면 알코올에 더 잘 녹을 것 같지만, 사실 이 경쟁에서 알코올은 물의 적수가 되지 못한다. 물은 지구상에 존재하는 액체 중 다른 물질을 가장 잘 녹이는 물질, 즉 가장 훌륭한 용매이기 때문이다. 물은 소금과 설탕뿐만 아니라 미네랄 등 다양한 물질을 녹인다.

물은 다른 물질을 녹여서 보유하는 능력이 대단히 크고 거의 모든 물질을 녹인다고 해도 과언이 아니다. 물속에 다양한 물질이 녹을 수 있다는 사실은 땅속이든, 나무 꼭대기이든, 우리 몸속이든 물이 있는 곳이면 어디든지 물을 통해 다양한 물질을 공급할 수 있다는 의미가 된다. 지구상에 있는 생물이 물과 혈액을 통해 필요한 영양분을 공급받을 수 있는 이유가 되는 셈이다.

물을 통해 영양분을 공급받는 과정을 좀 더 자세히 알아보자. 우리가 음식을 통해 섭취한 단백질, 지방, 탄수화물은 위를 비롯한 소화기관에서 소화되어 몸에 흡수 가능한 작은 단위로 분해된다. 잘게 쪼개진 소화산물과 미네랄, 비타민 등은 위와 장에서 흡수되고, 흡수된 영양소는 혈액을 통해 몸 곳곳으로 전해진다. 이 과정을 통해 우리가 섭취한 음식물이 몸에 영양분으로 공급된다.

식물이 물을 통해 영양분을 공급받는 과정도 비슷하다. 식물은 뿌리를 통해 물을 빨아들이면서 땅속에 있는 영양분을 흡수한다. 뿌리를 통해 흡수된 물은 물관을 통해 각 조직으로 이동하게 되는데, 이 과정을 통해 땅속의 영양분이 식물 전체에 전달된다. 이렇게 물은 다양한 물질을 녹여 동물과 식물이 살아가는 데 꼭 필요한 영양분을 공급해 준다.

물은 고체뿐만 아니라 기체 상태로 존재하는 물질도 잘 녹인다. 물이 기체를 녹일 수 있다는 사실은 물속에서 최초의 원시 생명체가 태어나고 그 이후 수많은 생물이 물속에서 살아가도록 해주었다. 물속에 살고 있는 생물도 육상에 살고 있는 생물과 마찬가지로 산소와 이산화탄소가 필요하다. 즉 대기 중의 기체가 물속에 녹아들어야 한다는 뜻이다. 만일 대기 중에 있는 산소와 이산화탄소가 물속에 녹아들지 못했다면 물속은 생물이 살아갈 수 없는 공간이 되었을 것이고 지구는 지금과는 전혀 다른 모습을 갖게 되었을 것이다.

그렇다면 물은 어떻게 이렇게 훌륭한 용매가 되었을까? 이것을 이해하기 위해서는 중학교 과학시간에 배웠던 내용을 떠올릴 필요가 있다. 바로 물의 극성에 대한 내용이다. 극성을 띠고 있다는 의미는 물 분자가 +극과 -극을 가지고 있다는 뜻이다. 이 현상은 다른 액체에서는 볼 수 없는 물만이 지닌 특이한 성질이다. 풍선이나 플라스틱 컵을 수도꼭지에서 흘러나오는 물줄기에 가까이 대면 물줄기가 휘는 현상을 확인할 수 있다. 물줄기가 휘는 것은 바로 물이 극성을 띠고 있기 때문이다. 물 분자는 +극과 -극을 지녀서 같은 극끼리는 밀어내고 다른 극끼리는 끌어당긴다. 마치 자석이 같은 극은 밀어내고 다른 극은 끌어당기는 현상과 비슷하다.

물이 이렇게 극성을 띠는 것은 물 분자의 구조 때문이다. 다소 어렵게 들릴 수도 있지만 조금만 더 들어가 보자. 물 분자의 화학식은 H_2O로 산소 원자 한 개와 수소 원자 두 개로 이루어져 있다. 두 개의 수소 원자가 한 개의 산소 원자에 붙어 있는 모양이다.

산소 원자가 수소 원자에 비해 조금 크기 때문에 오래전 과학자들은 산소 원자 양쪽에 수소 원자가 한 개씩 180도로 마주 보고 있을 거라고 생각했다. 사람 얼굴이 산소 원자라고 하면 양쪽에 있는 두 개의 귀가 수소 원자인 셈이다. 하지만 과학이 발달하면서 물 분자의 구조가 밝혀졌는데 과학자들의 예상과 달리 산소 원자에 붙어 있는 두 개의 수소 원자는 180도로 마주 보고 있는 것이 아니라 104.5도의 애매한 각도로 붙어 있었다. 판다곰 얼굴을 생각하면 이해가 빠를 듯하다. 판다 얼굴을 산소 원자라고 하면 얼굴 위에 있는 두 귀 위치에 수소 원자가 붙어 있는 모양이다.

만일 수소 원자가 산소 원자 양쪽에 붙어 있는 대칭 구조였다면 수소의 + 전하와 산소의 − 전하가 상쇄되어 전하를 띠지 않았을 것이다. 하지만 수소 원자가 한쪽으로 치우쳐 있기 때문에 +와 − 전하가 상쇄되지 못하고 남게 된다. 수소 원자가 몰린 쪽은 수소가 원래 지니고 있던 + 전하, 산소 원자가 있는 쪽은 산소 원자가 원래 지니고 있던 − 전하를 갖게 되어 물 분자

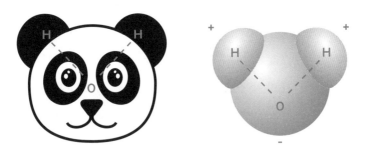

팬더곰 얼굴과 물 분자 구조

는 +와 −의 극성을 띠게 된다.

물이 이렇게 극성을 가지고 다양한 물질을 녹일 수 있는 덕분에 동물과 식물은 물을 통해 영양분을 공급받게 되었고 지구의 70퍼센트를 차지하는 바다는 수많은 생명이 살아가는 터전이 되었다.

34억 년 동안
진화하지 않았다

환경에 관심이 많지 않은 사람도 뉴스를 통해 한 번쯤은 녹조라는 단어를 들어봤을 것이다. 녹조는 환경 분야에서 주로 사용하는 용어지만 인터넷에서 "녹조"를 검색하면 4대강 사업이 연관 검색어로 나올 정도로 민감한 정치, 사회적 이슈가 되었다.

그런데 녹조를 일으키는 것은 녹조류일까? 질문의 분위기로 눈치챘겠지만 정답은 '아니오'이다. 녹조를 일으키는 것은 다소 이름이 낯선 남조류라는 생물이다.

남조류는 이름에서 알 수 있듯이 녹조류에 비해 약간 남색을 띤다고 하여 붙여진 이름이다. 녹조류와 남조류 등을 우리는 조류 또는 식물플랑크톤이라고 부르는데, 물속에 떠다니는 식물이라고 보면 된다. 남조류는 생물학적인 분류 체계로 보면 완벽하게 식물로 진화하지 못한 세균이다. 그래서 남조류 대신 남세균이라고 부르기도 한다. 진화된 정도로 비교하면 남조류는 다른 조류보다 진화가 덜된 셈이다.

남조류가 다른 조류보다 진화가 덜된 것은 지구상에 늦게 출현했기 때문일까? 이 물음에 대한 대답 역시 '아니오'이다. 남조류는 지금으로부터 34억 년 전에 출현한 것으로 추정되는데, 지구 나이를 46억 년이라고 보았을 때 지구상에 존재하는 생물 중 가장 오래되었다고 할 수 있다. 그런데 남조류는 지구상에 가장 먼저 출현했음에도 오랫동안 왜 고등생물로 진화하지 못했을까?

진화의 사전적 의미가 "생물의 종 및 더 상위의 각 종류가 여러 세대를 거치면서 점차 변화해 온 것"이라고 하면 남조류는 진화하지 못한 것이 아니라 스스로 진화하지 않았다고 표현하는 것이 더 정확할 듯하다. 인간의 생물학적인 분류 체계로 판단하면 남조류는 다른 조류에 비해 하등생물이지만 남조류는 지금의 형태를 유지하면서도 수십억 년 동안 지구에서 살아남았다. 그뿐만 아니라 지금도 매년 여름이면 녹조라는 이름으로 최고의 전성기를 누리고 있다.

물속에서 식물플랑크톤이 성장하는 과정은 땅 위에 있는 식물이 광합성을 통해 성장하는 과정과 비슷하다. 햇빛과 영양분이 충분하고 온도가 따뜻하면 잘 자란다. 햇빛을 잘 받을 수 있도록 물 위에 잘 뜨고, 영양분이 부족한 조건에서도 잘 자라는 능력을 갖추고 있으면 아주 훌륭하다. 독성 물질을 배출해 다른 경쟁자들의 성장을 방해할 수 있으면 금상첨화라고 할 수 있다. 얄밉게도 남조류는 이 모든 조건을 다 갖추고 있다. 우리 눈에는 진화가 덜된 생물로 비치지만, 사실 남조류는 식물플랑크톤계의 '엄친아' 또는 '엄친딸'인 셈이다.

남조류의 생존 전략은 이뿐만이 아니다. 남조류는 군체라고 하는 무리를 형성해 개체의 크기를 키워 포식자가 잡아먹기 어렵게 한다. 마치 작은 물고기가 떼를 지어 있으면 큰 물고기가 쉽게 잡아먹지 못하는 것과 유사한 방어 방식이다. 이 외에도 남조류는 독성물질을 분비해 포식자에 의해 잡아먹히지도 않고 경쟁 관계에 있는 다른 식물플랑크톤의 성장을 방해하기 때문에 성장에 더욱 유리한 조건을 갖추었다. 이쯤 되면 엄친아 수준을 넘어 식물플랑크톤계의 일진인 셈이다.

남조류는 물고기의 부레와 같은 공기주머니가 있어서 항상 수면에 떠 있을 수 있기 때문에 광합성에 절대적인 햇빛을 마음껏 받을 수 있다. 녹색 천을 덮은 것처럼 수면에 떠 있는 남조류는 물속으로 들어가는 햇빛을 차단하기 때문에 수면 아래에 있는 다른 식물플랑크톤은 광합성을 제대로 할 수 없다. 남조류가 녹조 현상을 일으키면 다른 식물플랑크톤이 거의 자라지 못하는 이유이다. 앞서 설명한 것처럼 식물플랑크톤이 성장하기 위해서는 물속에 영양분이 충분해야 한다. 하지만 남조류는 성장에 필요한 영양분인 질소가 부족해도 성장에 지장을 받지 않는다. 콩과식물의 뿌리혹박테리아처럼 대기 중에 있는 질소를 이용해 필요한 질소 비료 성분을 스스로 만들어내기 때문이다.

인간이 가진 진화의 잣대로 보면 남조류는 많이 덜떨어진 생물이지만, 나름의 생존전략으로 지구상에서 가장 오래 살아남은 생물이 되었다. 남조류를 녹조의 주범으로만 보면 지구상에서 백해무익한 천덕꾸러기 같지만, 남조류가 없었다면 지구상에 생명체는 존재할 수 없었다.

지구상의 거의 모든 생명체는 지구에 존재하는 20퍼센트의 산소에 의존해 살아가고 있다. 하지만 남조류가 지구상에 처음으로 출현했던 30억 년 전쯤의 초기 지구의 대기에는 0.0001퍼센트 미만의 산소만 존재했다. 생물이 살아가기에는 턱없이 부족한 수준이었다. 극미량으로 존재했던 산소가 지금의 20퍼센트 수준으로 늘어날 수 있었던 것은 바로 원시 지구 해양에 존재했던 원시 미생물 덕분이다. 특히 남조류는 광합성을 통해 산소와 유기물을 만들어냄으로써 인간을 포함한 산소호흡을 하는 다양한 고등 생물이 살아가는 터전을 마련했다. 지금은 인간에 의해 천덕꾸러기 취급을 받는 생물이지만, 남조류가 없었다면 우리 인간들은 존재할 수 없었다.

공기로 빵을
만들다

2015년 개봉했던 SF 영화 〈마션〉에서 주인공 마크 와트니는 사고로 화성에 혼자 고립되고 생존을 위해 필요한 것들을 필사적으로 구해야 하는 상황에 처하고 만다. 우주인답게 물과 산소는 화학반응을 통해 의외로 쉽게 만들어내는데, 문제는 장기적인 식량 확보였다. 마크는 우주 식량으로 가져간 감자를 재배해 식량을 확보하려는 계획을 세운다.

작물을 재배하기 위해서는 물과 공기, 그리고 적절한 양분을 가진 토양이 필요하다. 마크는 영양분이 없는 화성 토양에 자신과 동료들의 인분을 비료 삼아 감자 재배에 성공하고, 이후로 4년을 더 버텨낸 후 지구로 무사 귀환한다.

마크는 지구로 귀환한 뒤 당시 상황을 설명하는 강연에서 인분을 이용해 농사지었던 일이 생각보다 끔찍했다고 회고한다. 과거에 인분을 비료로 사용했던 우리나라 사람들 입장에서는 주인공이 화성에서 겪었던 생사를 넘나드는 고생에 비하면 인분을 비료로 쓰는 게 무슨 대수였을까 싶다. 혹시 서양 사람들은 인분을 비료로 썼던 경험이 없어서 그런 건 아니었을까? 추측대로 서양에서는 인분 대신 가축분뇨를 비료로 많이 사용했다. 인분을 비료로 사용하는 것은 주로 아시아 지역의 농사법이었다. 우리나라 기록을 보면 고려 말부터 인분과 가축분뇨를 이용한 시비법이 시작된다.

인분과 가축분뇨가 훌륭한 비료라는 사실은 알았지만 똥의 생산량을 늘리는 것은 불가능한 일이었다. 따라서 공급량은 부족할 수밖에 없었다. 1960~1970년대까지만 해도 밖에서는 대변을 보지 않고 참았다가 자기 집에 와서 본다는 말이 있을 정도로 인분은 귀한 비료 대접을 받았다. 중국에서는 공중화장실을 설치해 두고 쌓인 인분을 수거해 농민들에게 파는 직업이 있었고, 일본에서는 건물주가 세입자들의 인분을 수거할 수 있는 수거권을 인분수거조합에 팔아 부가적인 수익을 챙기기도 했다. 인분을 많이 구할 수 있는 좋은 구역을 차지하기 위해 조합 간 구역 싸움, 소위 똥 싸움도 자주 있었다.[13]

아시아권에서는 인분을 비료로 사용하는 것에 대해 큰 거부감이 없었지만, 유럽에서는 인분에 대한 부정적인 인식이 커 인분 대신 가축분뇨가 주로 사용되었다. 인분을 비료로 사용할 경우 기생충 전염의 위생적인 문제도 있었지만, 아마도 인분을 이용해 키운 작물을 먹는다는 사실에 심리적인 거부감이 더 크게 작용했던 모양이다.

인분과 가축분뇨의 자연적인 공급에 한계를 느낀 사람들은 인공적으로 비료를 생산할 방법을 고민한다. 비료를 찾는 노력은 헛되지 않아 광석에서 인산 비료와 칼륨 비료를 채취할 수 있는 기술이 개발된다. 그런데 비료의 3요소인 질소, 인산, 칼륨 중에서 작물 생육에 가장 중요한 질소 비료는 광석에서 구할 수 없었다. 그렇다면 우리가 쓰고 있는 질소 비료는 어디에서 찾았을까? 질소 비료는 의외의 재료에서 얻게 되는데 그건 바로 공기였다. 우리가 숨 쉬는 공기는 산소 21퍼센트, 질소 78퍼센트로 대부분 질소로 구성되어 있다. 사람들은 질소 비료 생산을 위해 공기 중에 거의 무한하게 존재하는 질소로 눈을 돌린다. "공기를 이용해 빵을 만든다"라는 다소 허무맹랑해 보이는 이 생각은 1900년대 초 과학자들에 의해 조금씩 구체화된다. 그리고 몇 년 뒤 독일의 화학자 프리츠 하버Fritz Haber가 공기 중의 질소를 인공적으로 농축해 질소 비료 성분인 암모니아를 합성하는 데 성공한다. 질소 비료의 대량 생산으로 인류의 식량난을 해결하면서 하버는 1918년 노벨 화학상을 받고 '공기로 빵을 만든 과학자'라는 별칭도 얻는다.[14] 인분을 비료의 자리에서 끌어내린 화학비료는 농업 생산량을 혁명적인 수준으로 증가시키면서 식량난을 단박에 해결한다.

덕분에 1900년 초 15억 명이었던 세계 인구는 100년 만에 5배가 늘어나 2022년에 80억 명을 넘어섰다. 그런데 5배가 넘게 늘어난 인구의 먹거리를 생산하기 위해 늘어난 농경지 면적은 2배가 채 되지 않는다. 오히려 1990년 이후 세계의 농경지 면적은 줄어들고 있다.[15] 2배 늘어난 농경지 면적으로 5배 늘어난 인구를 부양할 만큼 농업 생산성이 높아진 셈이다. 관개시설을 비롯한 농업기술이 발달한 이유도 있지만 농업 생산성 향상에 가장 큰 역할을 한 것은 당연히 비료이다.

양지가 있으면 음지가 있듯이 화학비료가 인류에게 긍정적인 효과만 가져온 것은 아니었다. 화학비료 개발 이전에는 귀한 비료 취급을 받던 인분이 처리를 고민해야 하는 오염 물질이 되었다. 화학비료 이전에는 땅이 낸 작물을 우리가 먹고, 우리가 만들어낸 배설물을 흙으로 돌려보내 작물이 자라게 하고, 그 작물이 다시 우리의 먹거리로 돌아오는 인간과 자연의 순환이 있었지만, 화학비료 이후 이 순환은 사라졌다.

화학비료의 아쉬움은 또 있다. 저렴한 가격에 쉽게 구할 수 있게 된 비료는 토양에 '넉넉하게' 뿌려줄 수 있게 되었다. 이때 작물에 흡수되지 못하고 토양에 남아 있던 비료는 비가 오면 빗물에 쓸려 하천과 호수로 흘러들어 물을 오염시킨다. 이런 종류의 오염원을 비점오염원이라고 한다. 일반인들에게는 생소한 용어지만 담고 있는 의미는 오염 물질을 배출하는 오염원이 농경지처럼 넓은 지역에 퍼져 있어 점으로 표현할 수 없다는 뜻이다. 우리가 일반적인 오염원으로 알고 있는 공장폐수와 가정하수는 오염원을 점으로 표현할 수 있기 때문에 점오염원이라고 한다.

비점오염원은 지표면에 쌓여 있던 오염 물질이 비가 올 때 쓸려 나오기 때문에 오염 물질로 인식되기보다는 단지 빗물로만 생각되었다. 하지만 오염 물질의 양을 분석한 결과 하천과 호수로 흘러드는 오염 물질의 절반 이상은 빗물과 함께 쓸려 나오는 비점오염원에 의한 것으로 나타났다. 우리가 단지 빗물로만 생각했던 것이 우리의 강과 호수를 오염시키는 주범이었던 셈이다.

화학비료의 발명은 인류에게 분명 축복이다. 악취도 없고 가격도 저렴한 화학비료의 대량 공급으로 인류의 오랜 고민인 식량난이 해결되었으니 말이다. 하지만 그간 부족한 비료를 찾던 우리의 고민은 이제 넘치는 비료가 가져온 문제를 해결하기 위한 고민으로 바뀌었다. 아마도 우리는 답을 찾아낼 것이다. 마치 영화 〈마션〉의 주인공이 화성에서 생환한 일을 회고하면서 던진 마지막 대사처럼 말이다.

"하나의 문제를 해결하고, 다음 문제를 해결하고, 그다음 문제도… 그러다 보면 살아서 돌아오게 된다."

15

태풍, 지구의
대규모 수송 작전

우리나라를 비롯한 아시아 국가들은 연례행사처럼 태풍 위험에 노출된다. 특히 대만 앞바다에서 부메랑처럼 휘는 태풍의 이동 경로 때문에 우리나라와 일본은 태풍이 지나는 길목이 되고 있다.

태풍은 여름 이전에 쏟아지는 장마와는 다르다. 태풍은 장마에 비해 쏟아지는 비의 양도 많고 바람도 거세다. 또한 장마와 구름 모양도 다르다. 커다란 눈과 나선형 몸통, 그리고 부메랑 모양으로 이동하는 모습을 보면 태풍은 그리스 신화에 나오는 외눈박이 거인 키클롭스 또는 사이클롭스를 연상시킨다. 키클롭스는 닥치는 대로 사람을 잡아먹는 잔인한 외눈박이 괴물이다. 인도양에서 발생하는 태풍인 사이클론cyclone의 어원이 여기에서 유래했다. 키클롭스와 사이클론은 어원 때문인지 눈 하나를 가진 생김새뿐만 아니라 지나간 자리마다 닥치는 대로 잡아먹고 파괴하는 잔인한 성격까지 닮았다.

태풍을 언급할 때 열대성 저기압이라는 단어가 자주 등장하는데 이 둘은 어떤 차이가 있을까? 열대성 저기압은 단어 그대로 적도 근처의 열대 지역에서 발생하는 저기압이다. 열대 지역의 바다에서는 물이 증발해 상승하면서 저기압이 만들어지는데 이를 열대성 저기압이라고 한다. 열대성 저기압은 발생하는 바다 위치에 따라 이름이 달라진다. 서태평양 근처에서 발생하면 태풍, 북대서양 근처에서 생기면 허리케인, 인도양 근처에서 나타나면 사이클론이라고 한다. 태풍, 허리케인, 사이클론은 발생 위치만 따를 뿐 원리는 같다. 우리나라에 영향을 미치는 열대성 저기압은 서태평양에서 발생하는 태풍이기 때문에 우리는 열대성 저기압과 태풍을 비슷한 의미로 간주한다.

태풍은 초여름 우리나라에 많은 비를 뿌리는 장마와는 여러 가지 면에서 차이가 있다. 장마는 북태평양 근처에서 발달한 덥고 습한 고기압과 북쪽의 오호츠크해 근처에서 생긴 차고 습한 공기가 우리나라 근처에서 만나 장마전선을 형성하면서 많은 비를 내리는 현상을 말한다. 찬 공기와 따뜻한 공기가 만나 서로 힘겨루기를 하면서 오르락내리락하기 때문에 장마는 한 달 이상 지속되는 경우도 있다. 장마는 태풍처럼 많은 비를 뿌리지만 태풍과 달리 강한 바람을 동반하지는 않는다.

태풍은 왜 장마와 달리 구름 모양도 무섭고 살아 있는 생명체처럼 일정한 경로를 따라 이동하는 것일까? 태풍이 이동하는 것은 바람 때문이다. 태풍도 구름 덩어리이기 때문에 바람을 타고 이동한다. 장마와 달리 바람을 타고 이동하는 과정에 견제하는 상대가 없기 때문에 방해를 받지 않고 자유롭게 이동할 수 있다. 태풍이 바람을 타고 이동하는 과정에 지구 자전으로 인한 다소 복잡한 공기 움직임이 더해지면서 나선형 생김새와 부메랑 형태의 복잡한 이동 경로가 만들어진다.

태풍이 만들어져 이동하는 과정을 좀 더 자세히 알아보자. 우리나라에 접근하는 태풍은 대부분 필리핀 앞바다에서 만들어진다. 태풍이 만들어지기 위해서는 바닷물 온도가 26도 이상으로 따뜻해야 하는데 이 지역이 딱 맞는 조건을 가지고 있기 때문이다. 따뜻한 바다에서 증발한 수증기는 공기 중으로 올라가면서 온도가 낮아져 물방울로 변한다. 수증기가 물로 바뀔 때 응축열이라는 열을 방출하는데 이 열은 물이 수증기로 될 때 흡수했던 증발열이 다시 방출되는 것이다. 응축열로 인해 따뜻해진 공기는 가벼워지기 때문에 공기의 상승 속도는 더 빨라진다.

빠르게 상승하는 공기로 인해 따뜻한 바닷물 근처는 저기압이 형성된다. 상승기류가 강해 기압이 낮을수록 태풍의 위력은 강해진다. 우리가 재난 방송에서 들었던 헥토파스칼hPa의 단위로 설명하면 태풍은 중심 기압이 930~970헥토파스칼 정도의 저기압을 말한다. 1기압이 1013헥토파스칼임을 고려하면 표준 대기압에 비해 5~6퍼센트 정도 낮은 상태라고 할 수 있다. 기압이 낮으면 주변에 있는 공기가 몰려든다. 마치 수압이 낮은 곳으로 물이 흘러드는 것과 같은 이치이다. 바다에서 수증기를 많이 공급받을수록 공기가 상승하는 힘이 강해지고 바람도 세지기 때문에 태풍의 위력도 강해진다. 중심 기압이 낮으면 낮을수록 몰려오는 공기 흐름은 빨라지고 바람은 세진다. 반대로 바닷물 온도가 낮은 곳이나 육지를 만나면 수증기를 공급받지 못하기 때문에 태풍의 위력은 급격하게 약해진다.

태풍 주변에 있던 공기가 태풍 중심부로 이동하면서 바람을 만드는데 이 때문에 태풍은 강한 바람을 동반한다. 그런데 바람은 태풍 중심부로 직선으로 불지 않고 지구 자전의 영향을 받아 나선형 모양으로 휘어진다. 공기를 포함해 지구의 움직이는 모든 물체는 자전의 영향을 받는다. 이 힘을 전향력이라고 하는데 자세한 설명은 과학 선생님 몫으로 남겨두고 여기서는 자전의 영향으로 지구 북반구에서 움직이는 물체는 당초 진행 방향보다 약간 오른쪽으로 휘게 된다는 설명만 다루기로 한다. 태풍 중심부를 향해 불던 바람의 풍향이 오른쪽으로 조금씩 휘면서 태풍의 전체적인 바람 방향은 반시계 방향이 된다. 태풍 위력이 강해져 회전속도가 빨라지면 원심력에 의해 태풍의 중심에는 구름이 없는 빈 공간이 생기는데 이곳이 바로 태풍의 눈이다. 태풍의 중심에 있지만 구름이 없기 때문에 잠깐이나마 맑은 하늘을 볼 수 있다.

태풍이 반시계 방향으로 회전하는 이유를 알았으니 이제 태풍이 부메랑처럼 이동하는 이유도 알아보자. 위도 5~25° 근처에서 만들어진 태풍은 서쪽으로 부는 무역풍을 타고 북서쪽으로 이동한다. 무역풍을 타고 북서쪽으로 이동하던 태풍은 위도 30°를 넘으면서 동쪽으로 부는 편서풍을 만나고 이때부터 태풍은 방향을 바꿔 북동쪽으로 이동하기 시작한다. 위도 34~38°에 걸쳐 있는 우리나라를 지나는 태풍의 경로가 항상 북동쪽을 향하는 이유이다. 태풍 진행 방향이 북동쪽이고 바람은 반시계 방향으로 불기 때문에 태풍 진행 방향의 오른쪽은 바람 속도에 태풍 진행 속도가 더해져 바람은 더 강해진다. 예를 들어 태풍의 풍속이 시속 100킬로미터이고 태풍의 이동속도가 시속 50킬로미터라고 하면 태풍의 오른쪽에서 느끼는 바람의 세기는 시속 150킬로미터 가까이 되는 셈이다. 태풍 진행 방향의 오른쪽이 왼쪽에 비해 더 위험하다고 하는 이유인 것이다.

사이클론이라는 단어가 난폭한 외눈박이 괴물 이름에서 유래했을 정도로 태풍은 인간에게 잔인하고도 포악한 존재이다. 하지만 지구 입장에서 보면 태풍은 꼭 필요한 존재라고 할 수 있다. 태풍은 저위도에서 생겨 고위도로 이동하는데 이 과정을 통해 중요한 몇 가지를 실어 나른다. 바로 에너지와 물이다. 열대지방을 비롯해 저위도에 축적된 에너지를 고위도로 운반함으로써 지구 전체의 에너지 순환을 가능하게 한다. 그뿐만 아니라 바다에 있는 물을 육지로 옮겨주는 역할도 한다.

지구 차원에서 보면 태풍은 에너지와 물질을 지구에 골고루 운반하기 위한 대규모 수송 작전이라고 할 수 있다. 태풍을 괴물로 볼 수 없는 것이다. 하지만 최근의 태풍 발생 현황을 보면 태풍이 점점 괴물이 되어가는 듯한 불안감을 떨칠 수 없다. 횟수는 더 잦아지고 강도는 더 세지고 있기 때문이다. 기후변화로 바닷물이 점점 따뜻해지기 때문인데 더 큰 걱정은 마땅한 대책이 없다는 점이다.

16

빙산이 녹아도
해수면은 올라가지 않는다

제임스 카메론 감독은 선박 침몰 사고라는 비극적 재난 실화에 가상의 로맨스를 버무려 〈타이타닉〉이라는 세기의 명작을 만들어냈다. 영화는 로맨스 영화에서 재난 영화로 반전되면서 관객의 몰입을 급상승시키는데, 영화의 반전 요소는 타이타닉이 빙산과 부딪히는 장면이다. 녹은 빙산이 떠다닌다는 것을 알면서도 타이타닉에 탄 사람들은 배의 안전성을 과대평가했고 떠다니는 빙산을 과소평가했다. 세상에서 가장 안전하고 가라앉지 않는다던 불침선은 빙산에 부딪치고 난 뒤 3시간도 채 되기 전에 대서양의 차디찬 바닷물 속으로 가라앉고 만다.

타이타닉을 침몰시킨 빙산은 일부분만 물 위에 떠 있고 나머지는 수면 아래에 감추어져 있다. 우리가 전체의 일부라는 의미로 사용하는 '빙산의 일각'이라는 표현이 여기서 유래했다.

얼음은 물보다 가볍기 때문에 물 위에 뜬다. 밀도 차이 때문이다. 바닷물의 밀도는 1.03그램 퍼 세제곱센티미터g/cm^3고, 얼음의 밀도는 0.92그램 퍼 세제곱센티미터이다. 같은 무게의 물과 얼음을 비교하면 얼음이 물에 비해 9퍼센트 정도 부피가 큰 셈이다. 이 때문에 얼음은 부피의 91퍼센트는 물에 잠기고 나머지 9퍼센트만 수면 위에 모습을 드러낸다.

그렇다면 물 위에 떠 있는 빙산이 녹으면 수면의 높이는 어떻게 될까? 지구온난화에 대한 뉴스를 접할 때 극지방의 빙산이 녹아서 바닷물 속으로 떨어지는 장면을 자주 본다. 그리고 극지방의 얼음이 녹아 해수면이 상승하면 해발고도가 낮은 작은 섬들은 물에 잠길 것이라는 뉴스도 자주 듣는다. 바다에 떠 있는 빙산이 녹으면 바닷물 수위는 정말 높아질까? 예상과 달리 극지방의 빙산이 녹아도 바닷물 수위는 높아지지 않는다. 얼음으로 존재할 때 커졌던 부피는 녹아서 물이 되면 다시 줄어들기 때문에 빙산이 바다로 녹아들어도 해수면 높이는 달라지지 않는다. 마치 컵에 있는 얼음이 다 녹아도 컵에 담긴 물의 높이는 변하지 않는 것과 같은 이치이다. 해수면 상승은 녹아내리는 빙산 탓이 아니다.

그런데 왜 많은 전문가들은 극지방 얼음이 녹으면 해수면이 상승할 것이라고 할까? 전문가들이 해수면 상승을 걱정하는 얼음은 바다에 떠있는 빙산이 아니라 땅 위를 덮고 있는 빙하이다. 극지방에 있는 얼음은 형태에 따라 불리는 이름이 조금씩 다르다. 바다 위에 떠 있는 얼음은 빙산, 육지를 덮고 있는 얼음은 빙하, 그리고 그린란드나 남극 대륙과 같이 넓은 면적을 덮고 있는 빙하는 빙상이라고 한다. 바다 위에 떠 있는 빙산은 녹아도 해수면이 상승하지 않지만, 육지를 덮고 있는 빙하나 빙상이 녹으면 해수면이 상승한다. 전문가들은 그린란드와 남극의 얼음이 모두 녹으면 지구의 해수면은 60미터 가량 높아질 것이라고 경고한다.

극지방의 얼음이 녹으면 발생하는 문제는 해수면 상승에만 그치지 않는다. 얼음이 녹으면서 흰색의 얼음이 검푸른 바다로 바뀌기 때문에 햇빛을 반사하는 정도가 달라져 바닷물 온도가 올라간다. 바닷물이 따뜻해지면 전 지구적인 해류 흐름이 바뀌면서 지구의 기후도 달라진다. 바닷물이 따뜻해지면 대표적인 온실가스로 꼽히는 대기 중의 이산화탄소 농도도 증가한다. 물이 따뜻해지면 물속으로 녹아드는 기체의 양이 줄어들기 때문이다. 극지방 얼음이 녹는 것으로 그치지 않고 악순환이 반복되면서 지구온난화는 더욱 심해진다. 안타깝게도 이 염려는 현실이 되고 있다. 최근 뉴스에 따르면 북극 그린란드의 빙하 녹는 속도가 예년보다 2배 정도 빨라졌다고 한다.

물은 인간의
욕망을 보여준다

물은 최고의
선이다?

우리에게 익숙한 중국의 사상가는 공자, 맹자, 노자, 순자이다. 이들이 활동했던 시기는 기원전 400~500년 전이기 때문에 그들의 활동과 행적에 비해 언제 태어나서 어떻게 사망했는지에 대한 기록은 의외로 빈약하다. 책에 실린 자료를 토대로 출생과 사망 시기를 추정하는 것이 일반적이다. 예를 들면 그들이 만났던 사람이나 경험했던 사건을 토대로 시기를 추정하는 방식이다. 이렇게 추정한 이들의 출생 시기를 보면 공자는 기원전 551~479년경, 맹자는 그로부터 100년쯤 뒤인 기원전 372~289년경이다.[1] 그런데 행적이 전혀 추정이 안 되는 사람이 있다. 다른 이들과 달리 출생과 사망이 모두 미상이다. 알수 없다는 의미이다. 그 사람은 바로 노자로, 출생과 사망에 대한 행적조차 묘연한 그가 어떻게 공자, 맹자와 함께 동양 최고의 사상가 반열에 오를 수 있었을까? 이는 그가 지었다고 전해지는 한 권의 책 때문이다. 바로 도가의 대표적인 경전으로 알려진 《도덕경》이다. 도가의 심오한 내용을 담고 있는 책의 내용을 모두 이해할 수는 없지만 책을 관통하는 사상은 무위자연이다. 무위자연의 사전적 의미는 "사람의 힘을 더하지 않은 그대로의 자연"을 말한다. 의역하면 꾸밈없이 자연의 순리에 순응하며 사는 것으로 해석할 수 있다. 도덕경을 꿰뚫는 사상이 무위자연이지만, 도덕경을 유명하게 만든 책의 내용은 따로 있었다.

상선약수上善若水. 고전이나 동양철학에 관심이 없는 사람도 한 번쯤 들어봤을 듯한 말이다. 해석을 붙이면 '최고의 선은 물과 같다'는 의미가 된다. 이게 무슨 뜻일까? 이것을 이해하기 위해서는 상선약수가 언급된 《도덕경》 제8장의 원문의 일부를 살펴볼 필요가 있다.

上善若水(상선약수)

최고의 선은 물과 같다.

水善利萬物 而不爭(수선이만물 이부쟁)

물은 만물을 이롭게 하지만 다투지 않고

處衆人之所惡(처중인지소오)

모두가 싫어하는 곳에 머문다.

故幾於道(고기어도)

그래서 도에 가깝다.

상선약수의 선^善은 우리가 일반적으로 알고 있는 착하다는 뜻 외에 '좋다', '훌륭하다'는 의미도 지닌다. 미스코리아 선발 대회에서 입상자를 진선미로 구분하고, 가장 좋고 훌륭하다는 의미로 최선이라는 단어를 쓰는 용례가 그 사례이다. 따라서 상선약수를 한마디로 요약하면 가장 좋은 것은 물처럼 행동하는 것이다는 뜻이 된다. 다시 말해 물은 남들이 싫어하는 낮은 곳으로 흐르고 만물에게 생명을 부여하지만 다투지 않는다는 것이다.

물은 동양철학에서 중요한 의미를 가진다. 물은 노자를 비롯한 여러 철학가로 하여금 깨달음을 얻게 했고 자신의 생각을 비유하는 대상이 되었다. 동양철학을 대표하는 사상가인 공자도 이 대목에서는 빠질 수 없다. 知者樂水(지자요수) 仁者樂山(인자요산). 《논어》에 나오는 문구로 "어진 사람은 산을 좋아하고 슬기로운 사람은 물을 좋아한다"라는 뜻이다. 한가로이 자연을 즐기는 모습을 가리키는 표현이지만 지혜로운 사람이 왜 물을 좋아하고 인자한 사람이 왜 산을 좋아하는지는 선뜻 이해가 되지 않는다. 《논어》에서 이 문장 뒤에 이어지는 문구를 보면 조금은 이해가 쉬워진다. 智者動(지자동), 仁者靜(인자정). 智者樂(지자락), 仁者壽(인자수).

이 말의 의미는 "슬기로운 자는 동적이요, 어진 자는 정적이며, 슬기로운 자는 즐기며, 어진 자는 오래 산다"라는 뜻이다. 지혜로운 사람은 지적 욕구를 충족하기 위해 동적이고 즐겁기 때문에 물처럼 움직임이 많고, 어진 사람은 조용하기 때문에 다른 사람과 갈등을 불러올 일이 없어 산을 닮아 천수를 누린 다는 뜻이다.

인생의 철학을 물에 비유한 데는 맹자도 빠지지 않는다. 도서 《맹자》에는 맹자가 인간의 본성이 선한가, 악한가를 물의 흐름에 비유해 고자와 논쟁하는 장면이 나온다. 책에 실린 두 사람의 논쟁은 당대 최고의 사상가답게 한 치의 양보도 없는 팽팽한 긴장감 속에서 이어진다.

논쟁은 고자가 운을 띄우면서 시작된다. "사람의 본성은 소용돌이치는 물과 같아서 동쪽을 터놓으면 동쪽으로 흐르고, 서쪽을 터놓으면 서쪽으로 흐르지요. 사람의 본성이 선하냐, 선하지 않느냐에 대해 구분하지 못하는 것은 마치 물이 동으로 흐를지 서로 흐를지 정하지 못하는 것과 같습니다." 인간의 본성은 선악의 구분이 없다는 의미로 처해진 환경에 따라 선하게 될 수도, 악하게 될 수도 있다는 뜻이다.

이에 대해 맹자는 이렇게 응수한다. "물은 참으로 동으로 흐를지 서로 흐를지는 분별하지 못하지만 위로 흐를지 아래로 흐를지에 대해서도 분별하지 못할까요? 인간의 본성이 선한 것은 마치 물이 아래로 흘러가는 것과 같습니다. 본성에는 선하지 않음이 없고 물에는 아래로 흐르지 않음이 없지요." 그리고 이렇게 덧붙인다. "이제 물을 손으로 쳐서 튀기면 이마 높이를 지나치게 할 수도 있고, 물길을 급격하게 돌리면 산에 머무르게 할 수도 있지요. 하지만 그것이 어찌 물의 본성이라 하겠습니까? 그 형세가 외부의 힘이 가해져서 만들어진 것이지요. 사람이 선하지 않을 수도 있으나 그 인성 또한 외부의 힘에 의해 그렇게 된 것입니다."

맹자는 인간의 본성은 태어날 때부터 선하기 때문에 선을 행하도록 되어 있는데, 어쩌다 저지르는 악한 행동은 물이 튀기거나 일순간 거꾸로 흐르는 것처럼 외부의 힘에 의한 일시적인 현상일 뿐이라고 주장한다. 외부의 힘이 없어지면 물이 위에서 아래로 흐르듯이 인간의 본성 또한 선을 향해 흐른다고 보았다.[2] 맹자는 고자가 던진 물의 비유를 받아들이면서도 고자의 동서 방향 관점에 위아래의 관점을 더해 논점을 전환하면서 멋진 뒤집기를 시도한 셈이다.

물을 깨달음의 대상으로 비유한 표현에는 성철 스님이 남긴 법어를 놓칠 수 없다. "산은 산이요 물은 물이다." 분명 심오한 뜻이 담겼을 텐데 깨달음이 깊지 않은 일반인들로서는 이해가 쉽지 않다. 이 법어에 대한 해석은 이렇다. 산과 물에 대한 사람의 인식은 세 단계를 거친다고 한다. 첫 번째는 산과 물을 눈에 보이는 대로 감각적으로 인식하는 단계이다. 이후 참선이 깊어지면 산과 물의 경계가 허물어져 산이 더 이상 산이 아니고 물이 더 이상 물이 아닌 깨달음을 얻는 단계에 이른다. 그다음 해탈의 경지에 이르면 산과 물이 도로 산과 물로 된다. 이 단계는 첫 번째 단계로 돌아간 것이 아니다. 산을 보되 물이 될 수 있음을 알고, 물이지만 산이 될 수 있음을 아는 경지에 도달한 것이다.

세상을 살다 보면 산이지만 물처럼 흘러가야 할 때도 있고, 물임에도 산처럼 우뚝 솟아야 할 때가 있다. 누군가는 물이면 어떻고 산이면 어떠냐고 반문할 수도 있다. 그럼에도 불구하고 산은 산이고 물은 물이어야 하지 않을까 싶다.

2

'만물은 물이다'는
한 마디로 철학의 아버지가 되다

앞서 이야기한 것처럼 동양철학에서 물은 일종의 선문답 대상이었다. 동양철학에서는 물을 비유의 대상으로 생각했던 것에 비해 서양철학에서 물은 탐구의 대상이었다.

서양철학에서 최초로 물을 언급한 사람은 기원전 6세기 탈레스였다. 아리스토텔레스가 '철학의 아버지'라고 추켜세운 인물이다. 테스형으로 불리는 소크라테스를 비롯해 탈레스보다 유명한 철학자는 훨씬 많지만 탈레스를 철학의 원조라고 보는데는 이견이 없는 듯하다. 다른 사람도 아닌 아리스토텔레스가 인정했다고 하니 서양철학사에 미친 탈레스의 영향을 짐작할 만하다.

탈레스가 '철학의 아버지'로 추앙받는 것은 그의 말 한마디 때문이었다. 그는 "만물은 물이다"라고 주장했다. 지금 생각해 보면 참 생뚱맞은 주장이다. 우리가 알고 있는 과학에 비춰보면 정확한 표현도 아니다. 그런데 당시 이 주장은 고대사회에 큰 파장을 불러온다.

이 주장이 사회에 파장을 일으킨 이유를 알기 위해서는 탈레스가 살던 기원전 6세기로 거슬러 올라가 봐야 한다. 당시 고대 사람들이 생각한 세상을 지배하는 원리는 신화였다. 사람들은 세상을 지배하는 초자연적인 존재가 있다고 믿었다. 가뭄과 홍수는 하늘에 있는 신이 노했기 때문이고, 바다의 풍랑이 심한 것은 바다를 지배하는 신이 노했기 때문이라고 생각했다. 이야기꾼이 지어낸 일종의 스토리텔링이 지배하던 세상이었던 것이다. 세상을 이런 방식으로 이해하면 인간이 해결할 수 있는 문제의 폭은 지극히 제한된다. 가뭄이 길어져도, 홍수가 심해져도, 풍랑이 거세도, 역병이 창궐해도 인간이 할 수 있는 일은 노한 신을 달래기 위해 제를 지내는 방법밖에 없기 때문이다.

그런데 탈레스가 세상을 지배하는 원리는 초자연적인 존재가 아니라 우리가 보고 마시는 물이라고 말한 것이다. 이 말은 하늘에서 날씨를 관장하는 신도 바다에서 파도를 지배하는 신도 존재하지 않는다는 의미가 된다. 비가 오는 것도 파도가 치는 것도 단지 자연현상일 뿐이라는 그의 주장은 당시로서는 혁명적일 수밖에 없었다.

탈레스의 주장을 시작으로 이성과 과학을 통해 세상의 원리를 설명하려는 시도가 일어난다. 바야흐로 철학이 시작되었고 탈레스가 '철학의 아버지'로 추앙받는 이유가 된다.

탈레스는 "물은 만물의 근원"이라고 주장하며 우주의 근원과 자연의 이치를 물로 설명하고자 했다. 그런데 탈레스는 왜 물을 세상의 근원이라고 생각했을까? 주장을 뒷받침할 만한 글을 그가 남기지 않아 아쉬움은 있지만, 우리는 다른 사람이 탈레스에 대해 남긴 글을 통해 그의 생각을 엿볼 수 있다. 플라톤, 아리스토텔레스와 같은 철학자가 탈레스에 관해 남긴 기록을 보면 탈레스는 관찰에 근거해 이 주장을 하게 되었다고 한다.

탈레스가 만물을 구성하는 물질이 물이라고 주장한 가장 큰 이유는 모든 생명체가 물에 의지해 살아간다는 것이었다. 그리고 탈레스는 물은 스스로 움직이는 존재라고 생각했다. 하천으로 흘러가는 것은 물론이고 파도가 치는 것도 밀물과 썰물의 움직임도 모두 물이 스스로 움직인다고 생각한 것이다. 물이 자연 상태에서 고체, 액체, 기체로 존재할 수 있는 유일한 물질이라는 사실도 주장을 뒷받침했다. 그는 지구상에 있는 모든 고체, 액체, 기체는 물이 변해서 만들어졌다고 생각했다. 세상에 존재하는 모든 액체는 물이 변형된 것이고, 고체는 얼음이 변형된 것이며, 기체는 수증기가 변해서 만들어진 것이라 믿었다.

탈레스의 이 생각을 출발점으로 철학자들은 세상 만물을 지배하는 원리는 초자연적인 존재가 아니라 자연적인 존재 또는 과학적인 물질일 것이라고 생각하기 시작한다. 실제로 아낙시메네스는 "만물은 공기다"라는 주장을 했다. 아리스토텔레스는 "세상은 물, 불, 흙, 공기로 이루어져 있다"라고 했고, 데모크리토스는 "물질을 이루는 가장 작은 단위는 원자"라고 주장했다. 이들의 주장을 바탕으로 연금술이 시작되고 다양한 원소가 발견되면서 주기율표가 만들어져 눈부신 과학 발전의 토대가 된다. 이야기꾼이 스토리텔링으로 꾸며내던 세상이 끝나고 이성과 과학으로 풀어내고 논리로 엮어가는 세상이 된 셈이다. 다소 비약이 있을 수는 있지만 이 과정의 출발점은 탈레스의 "만물은 물이다"라는 명제였다.

물론 탈레스가 나타나지 않았어도 초자연적인 힘이 세상을 지배한다는 생각이 사라지고 이성과 과학으로 접근하는 세상은 도래했을 것이다. 하지만 그 시작이 쉽지 않았음은 분명하다. 모든 사람이 세상은 신이 지배한다고 믿고 있던 시대에 이를 거부하는 주장을 던져야 했으니 말이다.

탈레스가 인류 역사에 끼친 영향은 "그래도 지구는 돈다"라는 명언을 남겼던 갈릴레이에 비견할 수 있을 듯하다. 갈릴레이는 사람들이 지구를 중심으로 하늘이 움직인다는 천동설을 믿고 있을 때 지구가 움직인다는 지동설을 주장했다. 물론 갈릴레이가 아니었어도 지동설을 주장하는 누군가가 나타나 천동설은 자취를 감추었을 것이다. 하지만 갈릴레이는 그 시작을 만들었고 그 시작으로부터 인류는 새로운 역사를 이루게 되었다.

3

말 속에
녹은 물

우리가 자주 쓰는 말 중에 '물'이 들어간 표현은 무엇이 있을까? 아마도 쉽게 떠올릴 수 있는 표현은 '물 건너가다', '물로 보다', '헛물켜다', '물 먹다', '물 좋다' 등이 아닐까 싶다. 물이 소중한 자원이라는 생각에는 이견이 없지만, 아이러니하게도 물이 들어간 우리말 표현의 대부분은 부정적인 의미를 지니고 있다. 물은 흔하고 하찮은 것, 쉬운 것, 헛것 등으로 나타내는 경우가 많다. 그나마 긍정적 표현이라고 할 수 있는 '물이 좋다', '물이 오르다' 등도 순수하게 긍정적인 의미로 보기는 어렵다.

물이 우리말 속에서 이런 대접을 받게 된 것은 아마도 우리 눈에 비친 물의 모습 때문이 아닐까 싶다. 물은 어디에나 있다는 생각에 흔한 것으로 인식되는 경우가 많다. 우리에게 꼭 필요한 자원 중 거의 유일하게 비용을 지불하지 않거나 지불하더라도 아주 작은 비용만 부담하기 때문에 하찮고 쉽게 여기는 경향이 강하다. 대동강 물을 팔아먹은 봉이 김선달이 희대의 사기꾼이 된 것도 이 때문이다.

물이라는 글자를 어떤 단어 앞에 붙이면 정반대의 의미가 되기도 한다. 물수능, 물주먹 등이 그 예이다. 물수능이라고 하면 시험이 갑자기 만만해 보이고, 물주먹이라고 하면 맞아도 아프지 않을 것 같다.

물이 들어간 표현 중 우리가 자주 쓰는 말에는 '물 건너가 다'는 말이 있다. 여기서 물은 강을 의미한다. 강은 인간이 살아가는 데 필요한 많은 것을 제공해 주는 고마운 존재이지만, 동시에 범접하기 어려운 경외의 대상이기도 했다. 강을 건너기가 쉽지 않았던 옛날에는 강 너머는 완전히 다른 세계였고, 강 건넛마을에 불이 나도 그건 걱정거리가 아닌 단지 구경거리일 뿐이었다. 그래서 마을을 구분하는 마을 동洞, 고을 주州의 한자에는 모두 물氵이 들어가 있다.

'물 건너가다'의 사전적 의미는 더 이상 돌이킬 수 없는 상태가 되었다는 뜻이다. 이 표현은 불교에서 유래된 것으로 보고 있는데, 여기에서 물은 이승과 저승의 경계에 있는 강인 삼도천을 의미한다. 사람은 죽은 지 7일째 되는 날에 이 강을 건너게 되는데, 일단 건너가면 영영 이승으로는 돌아올 수 없다고 한다. 즉 '물 건너가다'는 말은 이 삼도천을 건너 저승으로 갔다는 것을 의미한다.

불교에 삼도천이 있다면 기독교에는 요단강이 있다.[3] 삼도천은 실존하지 않는 전설 속의 강이지만 요단강은 존재하는 강이다. 물 부족과 영토 분쟁이 심한 팔레스타인과 시리아에서 발원해 사해로 흘러드는 강이기 때문에 이 강을 차지하기 위한 주변 국가의 갈등은 전쟁을 불사한다.

성경에 등장하는 요단강도 죽음을 의미하지만 품고 있는 의미는 차이가 있다. 성경에 나오는 '요단강을 건너다'는 "약속된 축복의 땅, 즉 가나안으로 들어간다"라는 의미이다. 그런데 좋은 의미를 가진 '축복된 땅으로 들어간다'는 표현이 우리나라에서는 왜 죽음을 의미하게 되었을까? 그 기원은 우리나라 찬송가에서 찾을 수 있다. 장례식 때 많이 불리는 찬송가 〈날빛보다 더 밝은 천국〉의 후렴구에는 "며칠 후 며칠 후 요단강 건너가 만나리"라는 가사가 여러 번 반복된다. 이 가사가 천국에서 다시 만나자는 의미를 내포하고 있기 때문에 '요단강 건너다'가 '죽다'를 의미하는 관용구가 되었다는 것이 정설이다. 이 때문에 미국과 유럽에서는 '요단강 건너다'가 죽음을 의미하는 말로 쓰이는 경우를 찾을 수 없다.

'물 건너가다'는 말과 비슷하게 소용없는 일이 되었다는 의미를 갖는 말로 '헛물켜다'는 표현이 있다. '헛물켜다'는 애쓴 보람 없이 헛일로 되다의 뜻이다. 여기서 '헛'은 이유 없는, 보람 없음을 의미하는 접두사이다. 우리가 자주 쓰는 헛고생, 헛소리, 헛수고 등에 쓰이는 의미와 같다. '켜다'는 동사로 물이나 술 따위를 단숨에 들이마시다의 의미를 지닌다. 각 낱글자의 의미를 종합해 보면, 뭔가 좋은 결과를 기대하고 물을 마셨는데 결국 기대와 달리 아무 성과가 없었다는 뜻이다. 우리가 자주 쓰는 '물 먹었다'와 비슷한 의미로 보면 되겠다.

우리는 물이 생명의 근원이고 소중한 자원이라고 말하지만, 우리의 말과 생각 속에는 '헛물켜다', '물 건너가다'처럼 정반대의 의미로 자리 잡고 있다. 아마도 물은 우리 주변에서 늘 쉽게 접할 수 있어서 그 가치를 제대로 평가하지 않았기 때문인 듯하다. 그야말로 물을 '물 보듯' 한 셈이다.

곰곰이 생각해 보니 사람도 비슷한 것 같다. 마치 물처럼, 누군가가 자신을 강하게 드러내지 않고 묵묵히 있으면 우리는 그 사람을 '물 보듯' 가볍게 평가하는 경향이 있다. 물이 그렇듯 우리 주변에 있는 그런 사람들이 정말 소중한 이들인데 말이다.

바다가
육지라면 무슨 일이 일어날까?

오래전 유행했던 대중가요 중에 〈바다가 육지라면〉이라는 노래가 있었다. 바다가 길을 막아 육지에 갈 수 없는 섬사람들의 애환을 그린 노래로 섬을 둘러싼 바다에 대한 원망이 살짝 담겨 있다. 섬마을 사람들에게 바다는 육지로 나가는 길을 가로막는 장애물이자 삶의 터전이기도 한 애증의 존재였다.

만일 우리나라 3면을 둘러싼 바다가 육지였다면 우리는 어떤 상황을 겪을까? 우선 수산물을 즐겨 먹는 우리의 식생활이 달라질 것이다. 바다에서 생산되는 해산물은 모두 주변 국가에서 수입해야 하니, 가격도 비싸고 구하기도 쉽지 않을 것이다. 우리나라 국민의 수산물 사랑은 각별하다. 수산물 소비량만 봐도 알 수 있는데, 우리나라 국민 1인당 수산물 소비량은 세계 평균의 3배에 달한다. 세계에서 수산물을 가장 많이 소비하는 나라는 어디일까? 섬나라로 수산물을 즐기는 일본이나 필리핀을 생각할 수 있겠지만 아쉽게도 틀렸다. 대한민국이다. 우리나라가 부동의 1위를 차지하고 그 뒤를 노르웨이와 일본이 따르고 있다.

우리나라 국민이 가장 많이 먹는 해산물은 오징어지만 생선류 외에도 다른 나라 사람들은 잘 먹지 않는 패류, 해조류 등 바다에서 나는 것이면 가리지 않는다. 술안주로 인기가 많은 골뱅이는 한국과 일본을 비롯한 몇몇 나라에서만 먹는다. 세계 골뱅이의 최대 소비국은 단연 우리나라이다. 우리나라에서 잡히는 양만으로는 수요를 채우지 못하기 때문에 공급량의 상당 부분을 수입에 의존한다. 수입하는 골뱅이는 주로 영국과 불가리아에서 오는데 이들 나라 사람들 역시 골뱅이를 먹지 않는다. 우리나라 사람들을 위해 잡는 셈이다.

바다가 없다면 여름 휴가 계획은 더 힘들어질 것이 뻔하다. 바닷가에서 휴가를 즐기기 위해서는 무조건 해외여행을 가야 하기 때문에 수영복과 함께 여권도 챙겨야 하고, 경우에 따라서는 항공권을 구하기 위한 예매 전쟁을 한바탕 치러야 할지도 모른다. 다행히 3면에 바다를 끼고 있는 우리는 그런 고민을 할 필요가 없다. 휴가지로 가는 도로가 막히기는 하지만 전국 어디서든 3시간 정도만 차를 타고 달리면 바다를 볼 수 있으니 말이다.

바다가 없으면 국민들이 일상에서 느끼는 불편도 크지만 국가 차원에서 겪는 어려움은 치명적이라 할 수 있다. 가장 큰 어려움은 무역이다. 세계 물동량의 90퍼센트 이상은 배를 이용한 해상 운송이 차지한다. 한꺼번에 많은 양의 화물을 나를 수 있고 운송 비용이 저렴하기 때문이다. 자국에 바다로 나갈 수 있는 항구가 없다는 것은 많은 양의 화물을 저렴하게 운송할 수 있는 수단이 없다는 의미이기 때문에 다른 나라와의 무역에서 불리할 수밖에 없다. 바다로 통하는 항구가 없으니 이웃 국가의 항구를 빌려 써야 하는데 항구 사용료와 육상 운송비를 더하면 제품 가격이 비싸지는 것은 당연하다. 만일 항구를 가진 나라가 여러 가지 트집을 잡아 육로 이용을 통제하거나 항구 이용을 금지하면 무역 자체가 불가능해진다.

바다가 없는 내륙 국가를 땅에 비유하면 도로와 맞닿는 부분이 없어 차가 드나들 수 없는 맹지와 마찬가지이다. 전 세계 200여 개의 나라 중에서 바다가 없는 내륙 국가는 40개가 넘는다. 내륙 국가는 작은 크기의 여러 나라가 한 대륙에 옹기종기 모여 있는 곳에 생기기 때문에 아프리카, 유럽, 아시아 대륙에 많다. 우리에게 친숙한 유럽의 스위스, 오스트리아, 체코, 헝가리 등도 내륙 국가에 포함된다. 내륙 국가 중에서 강을 통해 바다로 연결되는 나라는 그나마 상황이 좀 나은 편이다. 스위스와 헝가리는 바다는 없지만 다뉴브강을 통해 흑해로 연결된다.

다뉴브강은 이 국가들의 생명줄이나 마찬가지인 것이다.

　내륙 국가가 갖는 여러 가지 제약 때문에 나라마다 항구를 차지하기 위한 노력은 필사적이었고 이웃 나라와의 전쟁도 불사했다. 바다를 갖기 위한 이 싸움은 지금도 계속되고 있다. 세계의 이목을 집중시키고 있는 우크라이나 전쟁도 러시아의 항구를 찾기 위한 싸움과 무관하지 않다. 추운 날씨로 바다가 자주 어는 탓에 항구 상황이 변변치 않은 러시아로서는 1년 내내 사용할 수 있는 부동항이 절실하다. 전쟁이 언제 어떻게 끝날지는 알 수 없지만 러시아가 우크라이나 남부 지방의 흑해로 이어지는 지역에 눈독을 들이는 것은 분명해 보인다.

　바다가 없는 내륙 국가의 서러움으로 말하자면 남아메리카 대륙에 있는 볼리비아를 빼놓을 수 없다. 볼리비아는 한때 바다를 가진 나라였지만 19세기에 이웃 나라 칠레와의 전쟁에서 패하는 바람에 태평양 연안을 강제로 빼앗겨 내륙 국가가 되고 말았다. 하지만 볼리비아는 아직도 바다에 대한 꿈을 포기하지 않았다. 비록 무위로 끝나긴 했지만 국제사법재판소에 영토 회복을 위한 소송도 제기하고, 언젠가 바다를 되찾을 날을 기다리며 아직도 해군을 운영하고 있다. 바다가 없는 나라에 해군이 있다는 것이 '월남 스키부대'처럼 우스갯소리로 들릴 수도 있지만 '볼리비아 해군'은 바다를 빼앗긴 나라의 억울함을 보여주는 상징적인 존재라 할 수 있다.

바다를 차지하기 위해 전쟁도 불사했던 인류 역사를 보면서 우리나라를 둘러싼 바다가 육지였다면 우리는 어떤 상황을 겪고 있을까 생각해 보면 아찔하다. 싱싱한 회는 남의 나라 이야기가 될 뻔했고, 여름 바다에서 보내는 휴가는 엄두도 내지 못했을 테니 말이다. 어디 그뿐일까? 세계 10위권의 무역 강국도 바다가 없었다면 불가능했을지도 모른다.

5

재판까지 받은
'음란한' 수영복

우리는 매년 여름이면 마치 정해진 연례행사처럼 또는 의무감에 휴가를 떠나지만, 사실 우리나라 사람들이 휴가를 떠나기 시작한 역사는 그리 오래되지 않았다. 유명한 휴가지로 사람이 몰린 때로 거슬러 올라가 보면 1960년대 후반 철도와 도로 교통 발달과 이어진다. 교통수단이 발달하기 전에 피서는 대부분 가까운 물가를 찾는 것이 유일한 대안이었다. 철도와 도로 교통이 발달하면서 사람들의 이동 거리는 조금씩 늘어난다. 경인선이 개통되면서 지금은 사라진 인천 송도해수욕장이 인기를 끌었고, 장항선을 따라 서해안 해수욕장으로 사람들이 몰렸다. 1970년 경부고속도로 개통에 이어 1975년 영동고속도로가 뚫리면서 서해안에 집중되던 휴가 인파가 동해안으로 옮겨간다.

더운 여름에는 뭐니 뭐니 해도 시원한 물과 함께 하는 것이 최고의 피서법이다. 맑고 시원한 계곡도 좋고 하얀 파도가 부서지는 바다도 좋다. 물속에 풍덩 뛰어들면 무더위도 스트레스도 한방에 싹 달아나는 듯하다. 그렇다면 체면 때문에 옷을 훌렁 벗고 물속에 뛰어들지 못했던 우리 조상들은 어떻게 무더위를 이겨냈을까? 서민들은 지금과 별반 차이 없이 개울에서 멱을 감기도 하고 우물가에서 등목도 하면서 더위를 피했지만, 체면을 목숨보다 소중하게 여겼던 양반들은 그럴 수 없었다.

체면 때문에 여름 보내기가 쉽지 않았을 양반들의 피서법을 살짝 살펴보자. 우리에게 익숙한 다산 정약용 선생은 여름에 더위를 이기는 방법을 '더위를 물리치는 여덟 가지의 멋진 일'이라는 의미로 '소서팔사消暑八事'라고 했다. 그가 말한 멋진 일은 솔밭에서 활쏘기, 느티나무 그늘에서 그네 타기, 빈 누각에서 투호 놀이하기, 깨끗한 대나무 자리에서 바둑 두기, 서쪽 연못의 연꽃 구경하기, 동쪽 숲속에서 매미 소리 듣기, 비 오는 날 시 짓기, 달밤에 개울에서 발 씻기이다. 정약용 선생다운 피서법이라는 생각이 든다. 여덟 가지 방법이 정약용 선생에게는 더위를 이겨내는 멋진 일이 될 수 있겠지만 현대를 사는 우리로서는 여름 피서법으로 선택하기 쉽지 않다.

물속에 텀벙 들어갈 수 없었던 선조들은 물가를 찾아 더위를 피하는 피서避暑보다는 마음 수양으로 더위를 잠시 잊는 망서忘暑를 택했던 것 같다. 남녀를 불문하고 신체를 함부로 노출하는 것을 꺼렸던 옛날 사람들 입장에서 바지를 걷고 시원한 물 속에 발을 담그는 탁족이 그나마 몸을 물에 담그고 더위를 식 히는 유일한 방법이었다. 우리 조상들은 옷을 벗고 물에 들어 갈 수도 없고 더위를 이길 문명의 이기도 없었기 때문에 더위 에 맞선다기보다는 마음 수양으로 더위를 잊는 방법으로 여름 을 보냈다.

과거에 신체 노출을 꺼렸던 문화는 우리나라뿐만이 아니었 다. 더운 여름에도 팔다리를 내놓을 수 없는 것은 서양도 마찬 가지였다. 시간이 지나면서 수영복 형태의 옷이 나타나고 노출 되는 부위도 조금씩 늘어났다. 하지만 여전히 여성 수영복은 짧은 치마 형태였고 남자는 바지 형태였다. 치마 길이도 제한 이 있어서 1920년대까지 미국 해변에는 자를 들고 수영복 치 마 길이를 재는 경찰이 있었다(수영복이 무릎 위로 6인치 이상 올라 가는 것을 금지했다).[4] 마치 우리나라 1970년대에 미니스커트 길 이를 단속하는 경찰이 있었던 것처럼 말이다.

지금처럼 파격적인 수영복으로 발전하는 과정에는 수영 복 때문에 재판까지 받았던 한 여인의 웃지 못할 사연이 있었 다. 호주의 수영 선수 겸 배우였던 아네트 켈러만Annette Kellerman은 1907년 미국 보스턴의 한 해변에서 지나치게 노출이 심한 수 영복을 입었다며 음란죄로 체포된다.[5] 켈러만은 대체 어떤 수 영복을 입었기에 재판까지 받았던 것일까? 당시 언론기사를 보

1922년 워싱턴 경찰이 수영복 길이를 재는 장면

면 켈러만이 입었던 '음란한' 수영복은 위아래 한 벌의 민소매에 반바지 형태였다. 지금 기준으로 보면 어디서나 쉽게 볼 수 있는 수준의 운동복이지만, 당시에는 이 수영복 착용에 대한 논란이 재판까지 이어진다. 재판 결과 법정은 그의 손을 들어 줬고, 이 사건을 계기로 여성 수영복에 파격적인 변화가 일어난다.

우리나라에 수영복이 처음 들어왔을 때도 사회 시선은 곱지 않았다. 1937년 8월 10일자 《동아일보》의 "실종된 해안정서"라는 기사를 보면 "집에서는 적삼도 안 벗고 거리에서는 입술조차 안 보이려고 붉은 칠로 감추고 다니는 여자들도 이곳만

"실종된 해안정서"라는 제목의 피서지 수영복에 대한 동아일보 기사(1937.08.10.)

오면 얄팍한 해수욕복 한 장에 맘 놓고 몸을 맡긴다"라고 적혀
있다. 기사 중 여자라는 단어는 눈에 잘 띄게 크고 진한 글씨로
표시하고 큰따옴표까지 붙였다.[6] 당시 수영복을 입은 모습이
사회에 어떻게 비쳤는지 짐작되는 대목이다.

부산 송도해수욕장은 1927년 남녀가 함께 수영을 즐기는
것이 유감이라는 이유로 여성 전용 해수욕장을 개설해 운영하
기도 했다.[7]

휴가가 일상을 떠나 잠시나마 더위를 잊고 지친 몸과 마음
을 재충전한다는 의미는 옛날이나 지금이나 변함이 없는 듯하
다. 하지만 휴가 기간에 너무 많은 사람이 한꺼번에 몰리다 보
니 휴가가 끝나고 나면 오히려 몸과 마음이 방전되는 경우도
많다. 우리나라 사람들이 가장 많이 휴가를 떠나는 기간은 7월

말부터 8월 초까지 2주간이다. 극성수기인 이 기간을 피해서 휴가를 가면 될 텐데 우리는 왜 이 기간에 휴가를 가는 것일까?

이유는 이 기간이 가장 덥기도 하지만 우리나라의 경제구조와 관련이 있다. 우리나라를 대표하는 제조업인 반도체, 자동차, 조선 등은 생산 공장이 쉬면 협력 업체도 쉬어야 한다. 생산 공장과 협력 업체가 쉬면 주변의 식당을 운영하는 자영업자도 쉬어야 한다. 연쇄적으로 학원도, 법원도 이 기간을 여름 휴가로 정한다. 우리나라 부모 중에 아이들 학원을 신경 쓰지 않고 휴가를 떠날 수 있는 배짱을 가진 부모는 많지 않다. 자연스레 우리나라 사람들의 휴가는 7월 말부터 8월 초에 몰린다.

휴가지로 가는 도로는 늘 막히고 계곡과 바다는 물 반 사람 반이지만 그래도 휴가의 동의어는 짜증이 아닌 설렘이다.

6

봉이 김선달은
억울하다

술잔이 오가고 봉이 김선달과 한양 상인 허풍선과의 대동강
물값에 대한 흥정이 시작된다. 김선달은 조상 대대로 내려온
것이라 조상님에게 면목이 없어 못 팔겠다고 버티고 한양 상인
들은 집요하게 흥정을 한다. 거래 금액은 처음에는 1천 냥이었
으나 조금씩 올라가 결국 4천 냥에 낙찰된다. 낙찰금이 정해지
고 나서도 김선달은 대동강 물 팔기가 못내 서운한 듯 한참을
주저하다가 상인들의 성화에 못 이기는 척 계약서에 도장을 찍
는다. 대동강 물을 팔아먹었다는 봉이 김선달 이야기이다. 한
냥은 지금 돈의 가치로 따지면 7만 원 정도이니, 주인 없는 대
동강 물을 3억 원이나 받고 판 봉이 김선달은 사기꾼의 대명사
가 되었다.

봉이 김선달은 이 사건을 계기로 희대의 사기꾼 오명을 썼

지만, 현재에 다시 태어난다면 그에 대한 평가는 달라질 듯하다. 십수 년 전 서울 한복판에서 청계천 물값을 내야 한다는 주장과 내지 않아도 된다는 주장이 법정 다툼까지 갔으니 말이다. 법정 다툼 끝에 물값은 내지 않는 것으로 결론이 났지만, 당시 계산서로 청구된 청계천 '물값'은 매년 17억 원이었다. 청계천보다 수량도 훨씬 많은 대동강을 사용 기한도 없이 3억 원에 팔았으니 청계천 물값 사건을 봉이 김선달이 듣는다면 희대의 사기꾼이라는 평가에 억울해할 듯하다.

물값 이야기가 나왔으니, 우리가 마시는 물은 얼마나 할까? 우리가 편의점에서 자주 사서 마시는 500밀리리터 생수 한 병의 가격은 900원 정도이다. 그렇다면 우리가 집에서 사용하는 수돗물값은 얼마일까? 수돗물은 생수병에 넣어서 팔지 않고 사용한 양을 계량기로 검침해 요금을 부과하는데 대개 1톤 단위로 가격을 매긴다. 1톤은 500밀리리터 생수병 2천 개에 해당하는 굉장히 많은 양인데도 불구하고 가격은 생수 한 병보다도 싼 720원가량이다. 생수에 비해 2000분의 1도 안 되는 가격이다.

수돗물값은 1톤당 720원이지만 1톤의 수돗물을 생산하기 위해 투입되는 원가는 950원이다. 1톤을 팔 때마다 200원씩 손해를 보고 있는 것이다. 수도 요금도 공공요금의 일종이니 수돗물을 싸게 사용할 수 있다는 사실은 국민에게 좋은 것이 아닐까? 언뜻 생각하면 긍정적인 면이 많을 듯하지만, 알고 보면 원가보다 싼 수도 요금은 예상치 못한 부작용을 가져온다. 우선 물을 아껴야 하는 절실함을 느끼기 어렵게 한다. 수돗물이 워낙 싸다 보니 빗물과 지하수와 같은 다양한 수자원을 사용하려는 노력도 기대하기 어렵다. 우리는 어렸을 적부터 거짓말하지 말라는 말만큼 물을 아껴 쓰라는 말을 자주 들었다. 하지만 우리는 여전히 거짓말을 하고 물도 아껴 쓰지 않는다. 아껴 쓰지 않는 수준이 아니라 '물 쓰듯' 펑펑 쓰고 있다.

시장 가격보다 싸게 물건을 판다는 것은 누군가 손해를 보고 있다는 뜻이다. 생산원가에 못 미치는 물값은 결국 수돗물 공급자의 적자로 이어진다. 적자가 계속 쌓여가니 깨끗한 수돗물을 공급하기 위해 필요한 시설 개선은 점점 어려워진다. 다른 나라의 사정은 어떨까? 우리나라와 자주 비교되는 나라인 미국, 영국, 프랑스, 독일, 일본 등의 물값을 보면 1000원대 중반에서 2000원 대 후반으로 우리나라보다 2배 이상 높다.

싼 물값 이야기를 했으니 비싼 물값 이야기도 빠질 수 없을 듯하다. 인터넷을 검색해 보면 한 병에 적게는 몇십만 원에서부터 많게는 수억 원을 호가하는 물도 있다. 하지만 이들은 대부분 물에 금가루를 첨가하거나 물병에 다이아몬드 장식을 한 것으로 물 자체가 비싼 것은 아니다. 하지만 물 자체가 비싼 것도 있다. 바로 암을 진단하는 데 쓰이는 컴퓨터단층촬영PET-CT용시약 제조에 들어가는 산소-18 농축수가 그 주인공이다. 1그램에 5만 원이 넘는다고 한다. 이 물로 500밀리리터 한 병을 채우면 그 가격이 자그마치 2500만 원을 훌쩍 뛰어넘는다.

봉이 김선달은 구전되어 오는 설화 속 주인공이고, 대동강 물을 팔아먹었다는 희대의 사기 행각도 실재하지 않는 허구이다. 하지만 김선달을 희대의 사기꾼으로 만들기 위한 소재가 물이었다는 점은 우리가 물에 대해 어떻게 생각하는지를 반영한다. 과거에는 물은 팔고 사는 것으로 인식하지 않았기 때문에 돈을 받고 물을 판다는 사실이 기가 막힌 희대의 사기로 비쳤던 것이다.

만일 봉이 김선달이 환생한다면 물을 팔고 사는 것이 당연해진 지금의 현실을 어떻게 평가할까? 그리고 그는 수돗물값으로 얼마를 받았을까?

고종, 우리나라
최초의 커피 감별사

을미사변 이듬해인 1896년 2월의 겨울밤, 차가운 밤공기를 가르며 궁궐을 나서는 가마 두 대가 있었다. 궁궐을 빠져나온 가마는 미끄러지듯 어둠 속으로 사라진다. 같은 시각 경복궁에서 100여 미터 떨어진 러시아 공사관에는 이 가마를 초조하게 기다리는 사람들이 있었다. 그 사람 중에는 러시아 공사 베베르와 당시 친러파였던 이완용도 있었다. 궁녀가 타는 가마였지만 가마에서 내린 사람은 궁녀 차림으로 변장한 고종과 태자 순종이었다. 이 사건이 바로 을미사변 후 신변의 위협을 느낀 고종이 러시아 공사관으로 몸을 피한 아관파천이다.

나라의 임금이 교룡기(어가행렬에서 왕이 등장하는 것을 알리는 의장기로 왕이 탄 가마 앞에 위치)를 앞세우고 문무백관을 대동하지 못할망정 여장을 하고 궁녀 가마에 숨어서 도망치듯 궁궐을 빠져나갔다는 사실은 당시 조선이 어떤 상황에 있었는지 짐작하게 한다. 일본이 왕비를 시해하고 내각마저 일본 입맛에 맞는 이들로 채워도 그 상황을 지켜보기만 해야 하는 고종이 느꼈을 무력감과 두려움은 가히 짐작할 만하다. 고종은 그 두려움과 무력감을 벗어나기 위해서는 일본의 손아귀에 있는 경복궁을 탈출해야 한다고 생각했을 것이다.

아관파천 계획을 주도적으로 이끈 사람은 우리나라 사람이 아니라 벽안의 여인이었다. 그 여인은 독일계 프랑스인이자 러시아 공사관 베베르의 친척인 마리 앙투아네트 손탁Marie Antoinette Sontag이었다. 1885년 러시아 공사관 베베르를 따라 우리나라에 온 손탁은 1886년부터 황실전례관이라는 직책을 맡게 된다. 황실전례관은 황실의 음식과 의전을 챙기는 것이 공식 업무였지만, 자연스럽게 고종과 러시아를 연결하는 민간 외교관 역할도 겸했다.

러시아 공사관으로 무사히 거처를 옮긴 고종은 피신을 도와준 그에게 보답으로 양옥 건물을 선물한다. 손탁은 이 양옥을 서구풍으로 리모델링한 후 호텔로 운영한다. 몇 년 전 유명했던 드라마 〈미스터 션샤인〉의 배경이 된 글로리 호텔이 바로 이 손탁 호텔이다. 이곳은 최고급 숙박시설과 커피숍을 운영했고, 자연스레 서구 외교관과 국내 정치인, 기업인의 사교장이 되었다. 1905년 을사조약 체결을 준비하기 위해 우리나라를 방문했던 이토 히로부미가 머물렀다고 하니 당시 이 호텔의 위상이 어느 정도였는지 짐작할 수 있다.

고종의 커피 사랑은 유명한데, 그 계기를 거슬러 올라가 보면 아관파천과 손탁으로 이어짐을 알 수 있다. 러시아 공사관은 고종이 야반도주로 정한 임시 거처이다 보니 제대로 된 수라상을 받을 처지가 되지 못했다. 고종의 음식 준비는 자연스레 손탁이 맡았을 것이다. 이 과정에서 고종이 커피와 친해졌을 것이라 추측하는 것은 어렵지 않다. 하지만 당시 조선을 방문했던 서양인의 기록을 보면 커피는 아관파천 훨씬 이전에 이미 조선 궁중에서 귀한 기호 식품 대접을 받았음을 알 수 있다.

1884년 조선에 들어와 3년간 어의로 지냈던 호러스 알렌 Horace Allen[8]의 저서를 보면 조선에서 커피를 제공받았다는 기록이 있다. 그는 당시의 경험을 이렇게 적고 있다. "궁중에서 오랜 시간 대기하는 동안 시종들은 거절하는데도 불구하고 잎담배와 샴페인, 사탕과 과자를 끝까지 후하게 권했다. … 후에 그들은 체면을 유지하기 위해 그 품목에 홍차와 커피를 추가했다.[9] 이 기록 외에도 아관파천 이전에 조선에 커피가 있었다는 기록은 곳곳에서 발견된다.

아관파천 이전에도 조선에 커피는 있었지만 러시아 공사관에 머무는 동안 고종이 커피를 접할 기회는 훨씬 많았을 것이다. 고종은 아관파천 이후 환궁하고 나서도 커피에 대한 사랑을 이어갔다. 즐겨 마실 뿐만 아니라 커피에 대한 입맛도 상당한 수준이었던 것으로 전해진다. 우리나라 최초의 커피 감별사인 커퍼cupper였던 셈이다. 그가 커피를 즐겼던 곳은 덕수궁 내 정관헌이었다. 덕수궁 경내를 거닐다 보면 고색창연한 조선 시대 궁궐과는 어울리지 않는 서양식 건물이 눈에 띈다. 이 건물이 바로 정관헌이다. 고종이 다과를 들거나 연회를 즐겼던 곳이다. 현재 정관헌 앞의 안내 간판에는 "정관헌은 고종황제께서 차를 즐기시고 음악을 들으시던 곳으로 동양 및 서양 건축 양식이 조화를 이루는 우리의 자랑스러운 문화재입니다. 귀중한 문화재가 훼손되지 않도록 관람하여 주시기 바랍니다"라고 적혀 있다.

커피는 고종에게 온갖 시름을 잠시 잊게 하는 위안이 되기도 했지만 때로는 죽음의 문턱까지 몰고 간 비수가 되기도 했다. 나라의 운명이 격랑 속에 있던 1898년, 고종의 정적들은 고종 독살 계획을 세운다. 독을 탄 음식은 당연히 커피였다. 그들은 상궁을 시켜 커피에 많은 양의 아편을 섞어 넣었다. 커피 감별사 수준의 고종은 커피 맛이 이상하다고 느껴 한 모금도 채 마시지 않고 잔을 내려놓았지만 커피 맛을 잘 몰랐던 태자 순종은 커피를 다 마셨고 이내 토하면서 쓰러진다. 선천적으로 병약했던 순종은 다행히 목숨은 건졌지만 치아가 18개나 빠지는 후유증을 겪는다.[10]

이 사건이 일어난 후 고종은 독살에 대한 트라우마로 낯선 음식에 대해 더욱 경계하지만 그로부터 얼마 지나지 않아 커피 대신 식혜를 마시고 경련을 일으키며 쓰러진다. 1919년 1월에 있었던 고종 독살설은 백성들의 분노를 불러일으키기에 충분했고 그해 3·1 만세운동의 도화선이 된다.

구한말 기울어가는 나라의 운명을 지켜보는 고종에게 검고 쓰디쓴 커피는 어쩌면 조선의 운명과 닮았다고 느껴졌을지도 모를 일이다. 커피 한잔으로 시름을 달랬던 고종은 상상이나 했을까? 자신이 즐긴 커피가 100년이 훌쩍 지난 뒤에는 모든 백성이 하루에 한 잔씩 마시는 국민 음료가 되고 조선은 세계적인 커피 왕국이 될 것이라는 사실을.

8

아이스 아메리카노,
이걸 어떻게 마셔요?

　찬 음료가 부담스러운 사람은 더운 여름에도 따뜻한 아메리카노를 주문한다. 이럴 때면 점원은 "네? 따뜻한 아메리카노요?" 하고 되묻는다. 푹푹 찌는 더위에 정말 뜨거운 커피를 주문한 게 맞는지 확인하는 것이다.

　더운 여름 카페에서 아이스 아메리카노 주문은 어쩌면 당연한 일일지도 모른다. 우리나라 사람들이 얼음이 들어간 시원한 음료를 즐기는 일이 어디 여름뿐일까. 찬바람 부는 겨울에도 아이스 아메리카노를 즐기는 일명 '얼죽아' 족은 점점 늘어나고 있으니 말이다. 이런 추세 때문에 몇 년 전부터는 겨울철 찬 음료 주문량이 따뜻한 음료 주문량을 넘어섰다고 한다.[11]

　그런데 커피의 본고장이라 할 수 있는 유럽에서는 의외로 아이스 아메리카노를 찾기가 쉽지 않다. 유럽인들에게는 아이스 아메리카노는 물론이고 따뜻한 아메리카노도 낯선 음료이다. 에스프레소를 즐겨 마시는 이탈리아 사람들에게 아이스 아메리카노를 권하고 그들의 반응을 지켜보는 몇몇 유튜브 방송이 있었다. 아이스 아메리카노를 받아 든 그들은 하나같이 이걸 어떻게 마시냐는 반응이었다. 그들에게 커피는 항상 뜨거운 에스프레소로 각인되어 있기 때문에 에스프레소에 물을 넣고 얼음을 띄워 빨대로 먹는 일은 상상해 본 적도 없을 것이다.

아이스 아메리카노를 처음 본 유럽인들이 왜 그런 반응을 보이는지 완벽하게 공감하기는 어렵지만 우리나라 쌍화차를 예로 들어보면 조금은 이해가 될 듯하다. 우리에게 익숙한 쌍화차는 항상 진한 한약 냄새와 함께 따뜻하게 마시는 음료이다. 만일 유럽의 어느 카페에서 쌍화차를 주문했는데 물을 섞고 얼음을 띄운 쌍화차에 빨대를 꽂아준다면 어떤 느낌일까? 메뉴를 개발한 바리스타는 그 이유를 이렇게 말할지도 모른다. "유럽 사람들에게 진한 한약 냄새가 부담스러워 물을 좀 섞었고, 더운 여름에 시원하게 마실 수 있도록 얼음을 띄웠어요."

각국에서 커피가 유행한 과정을 보면 커피는 처음부터 호평을 받고 대중에게 파고들지는 못했다. 아메리카노의 고향인 미국에서조차 대중화되는 과정은 일종의 '대타'로 시작되었다. 미국에 커피가 유행하기 이전의 음료는 영국과 마찬가지로 홍차였다. 그런데 영국 정부가 세금을 더 걷을 목적으로 당시 영국의 식민지였던 미국에 공급하는 홍차에 과도한 세금을 부과한다. 가뜩이나 영국 정부에 불만이 많던 미국 사람들은 이를 계기로 1773년 '보스턴 차 사건'을 일으키고, 이 사건으로 홍차를 비롯한 영국 제품 불매운동이 벌어진다.

기호품은 없어도 살아가는 데 큰 지장은 없을 것 같지만 기호품이 사라졌을 때 밀려오는 허전함은 의외로 크다. 기호품인 담배와 술이 없을 때 느끼는 허전함처럼 말이다. 미국 사람들은 사라진 홍차의 허전함을 메꿔줄 대타를 찾기 시작하는데 그때 눈에 띈 것이 바로 커피였다. 홍차를 대신해 마시는 음료였기 때문에 홍차와 비슷하게 묽은 커피가 일반적이었다. 돌이켜보면 이 커피가 아메리카노의 기원이 되었지만 당시에는 별도의 이름이 없는 그냥 커피였다. 마치 홍차가 그냥 홍차로 불렸던 것처럼 말이다. 이 묽은 커피가 아메리카노라는 이름을 갖게 된 유래에 대해서는 여러 가지 설이 있지만 가장 유력한 것은 2차 세계대전에 뿌리를 두고 있다.

2차 세계대전이 막바지로 치닫고 있던 1943년, 점령군으로 이탈리아에 주둔한 미군 입맛에 에스프레소는 미국 본토에서 마시던 연한 커피에 비해 너무 진하고 썼다. 그래서 미군은 에스프레소에 물을 타서 마시기 시작한다. 이탈리아 사람들이 이 광경을 보고 미국 사람들은 커피 마실 줄도 모르는 사람이라는 조롱을 담아 그 커피를 미국 사람을 의미하는 이탈리아어 '아메리카노'로 불렀다는 설이다. 물론 이것도 추측일 뿐 확실한 기원은 아니다. 그런데 아메리카노의 이 기원설을 그냥 받아들이기에는 왠지 찜찜함이 남는다. 아메리카노가 정말 미국 사람들에 대한 비아냥거림이 담겨 있었다면 어떻게 스타벅스의 대표 메뉴로 이름을 올릴 수 있었을까? 아마도 아메리카노는 조롱의 의미보다는 '미국 사람이 마시는 커피'라는 의미를 담은 것이 아닐까 싶다.

음료뿐만 아니라 모든 음식은 세계로 전파될 때 각 나라의 고유 특성을 반영해 현지화된다. 우리나라 피자집에서 파는 피자가 이탈리아에서 파는 피자와 다른 것처럼 말이다. 커피도 에티오피아와 예멘에서 시작해 오스만제국(터키)을 통해 유럽으로 전해지면서 현지 특성에 맞게 다양한 변화 과정을 거쳤다.

에티오피아와 예멘에서는 곡류처럼 먹던 커피가 오스만제국에서는 가루로 만들어 물에 넣고 달여 먹는 형태로 바뀐다. 이후 이탈리아에서 커피를 고압으로 빨리 내릴 수 있는 에스프레소 기계가 발명되면서 유럽에서는 에스프레소가 커피의 정형으로 자리 잡는다. 이 과정을 보면 에스프레소가 미국으로 건너가 아메리카노가 되었다고 해서 커피를 망쳐놓았다고 불쾌해하거나 커피를 즐길 줄 모른다고 비웃을 일은 아닌 듯하다. 이탈리아 사람들은 에스프레소를 커피의 정석처럼 여기고 있지만, 그들에게 커피를 전해준 오스만제국 사람들 눈에는 포도 착즙기처럼 기계의 힘으로 강제로 짜낸 커피에 불과할지 모른다.

우리나라에 커피가 최초로 전해진 역사는 구한말로 거슬러 올라가지만, 국민에게 대중화된 계기는 6.25 전쟁 중 미군을 통해 커피가 대량으로 전해지면서부터이다. 연하게 마시는 아메리카노와 달리 우리나라 사람들에게는 설탕과 크림을 듬뿍 넣어 달콤하고 고소하게 마시는 '달달이' 커피가 인기였다. 아메리카노에 이은 코리아노가 만들어진 셈이다.

한국전쟁 이후 수십 년 동안 다방과 자판기를 통해 달달이 커피 입맛에 익숙해져 있던 한국 사람들의 커피 입맛은 1990년대 말 한 커피 전문점이 생기면서 놀라운 변화가 일어난다. 바로 1999년 이화여대 앞에 1호점 문을 연 스타벅스이다. 스타벅스에서 처음 아메리카노를 마신 우리나라 사람들의 반응은 대부분 이랬다. "이걸 도대체 무슨 맛으로 마시는 거지?" 하지만 테이크아웃 커피잔을 든 모습이 마치 미국 드라마와 영화에 나오는 세련된 뉴요커를 연상시키는 듯한 분위기를 불러일으키며 젊은 층을 중심으로 아메리카노가 급속도로 퍼진다. 달달이 커피에 익숙했던 입맛이 아메리카노로 바뀌면서 담배 연기 자욱했던 다방은 사라지고 은은한 커피향을 풍기는 카페가 늘어난다.

우리가 즐기는 기호품뿐만 아니라 우리의 생활 습관도 처음 접했을 때는 그랬던 것 같다. 입맛에 맞지 않던 음식도, 몸에 맞지 않던 생활 습관도 시간이 지나 익숙해지고 나면 어느덧 자연스러워지니 말이다.

9

술 취한
원숭이 가설

인간이 술을 좋아하게 된 이유 중에 '술 취한 원숭이' 가설이 있다. 수백만 년 전 인류의 조상이 수렵과 채집 생활을 할 때 발효되어 알코올 성분이 있는 과일들을 우선 골라 먹었기 때문에 현생 인류가 술을 즐기게 되었다는 설이다. 그런데 마치 우스갯소리 같던 이 가설이 한 미국 대학교의 연구 팀에 의해 입증되었다.[12] 연구 팀은 가설을 검증하기 위해 파나마 제도에 살고 있는 검은손 거미원숭이가 먹고 버린 과일의 잔여물을 수거해 분석했다. 그 결과 과일 대부분이 1~2퍼센트 정도의 알코올 성분을 포함하고 있다는 사실을 확인했다. 또 검은손 거미원숭이 여섯 마리의 소변을 채취해 성분을 분석한 결과 다섯 마리의 소변에서 알코올 성분이 관찰되었다고 한다. 연구 팀은 인간의 알코올 소비 습관이 '술 취한 원숭이' 가설에 상당한 근거를 두고 있다고 말했다.

'술 취한 원숭이' 가설과 연구 팀의 연구 결과에 따르면 최초의 술은 인간이 만든 것이 아니라 자연이 만들었다. 인간은 단지 발견한 것뿐이다.

술은 사 먹거나 몇몇 장인의 솜씨를 가진 사람들이 집에서 직접 담가 먹는다는 정도로만 알고 있는 우리들에게 자연 속에서 인간의 조작 없이도 술이 만들어진다는 사실이 언뜻 이해가 되지 않는다. 자연이 어떻게 스스로 술을 만들 수 있을까?

이 질문의 답을 찾기 위해서는 술을 만들기 위한 재료와 과정을 이해해야 한다. 술을 만들기 위해 필요한 재료는 의외로 간단하다. 술의 재료가 되는 당분과 당분을 알코올로 만들어주는 효모만 있으면 된다. 자연에서 당분을 많이 품고 있는 것은 꿀과 과일이다. 공기 중을 떠다니던 효모가 잘 익은 과일을 만나면 알코올이 만들어진다. 과일을 즐겨 먹던 고대 인류의 조상들은 우연한 기회에 이 과일을 먹게 되었고 몽롱하게 기분이 좋아지는 느낌을 가졌을 것이다. 그 경험 이후 달콤한 술 냄새가 풍기는 과일을 골라 먹었을 것이라는 추측이 가능하다.

당분을 이용해 알코올을 만드는 발효 과정은 효모라는 미생물에 의해 일어난다. 효모는 당분을 섭취해 알코올과 이산화탄소를 만든다. 효모가 당분을 섭취하고 알코올을 만드는 이유는 당분을 두고 경쟁 관계에 있는 다른 미생물을 죽이기 위한 필

살기라고 볼 수 있다.[13]

효모가 당분을 이용해 알코올을 만들기 위해서는 공기가 통하지 않아야 한다. 알코올 발효를 일으키는 효모는 통성通性 혐기성 세균이다. 혐기성은 공기를 싫어한다는 의미로 반대는 호기성이다. 그런데 효모는 혐기성 앞에 통성이 붙어서 호기성의 성격도 갖는다는 의미가 된다. 효모는 산소가 있는 상태에서도 잘 자라지만 이 조건에서는 당분을 분해해 알코올을 만드는 대신 물과 이산화탄소를 만든다. 이런 이유로 우리가 원하는 술을 만들기 위해서는 발효가 일어나는 술 단지에 공기가 통하지 않아야 한다.

효모가 경쟁자를 물리치기 위한 공격 수단으로 만들어낸 알코올이지만 알코올 농도가 일정 수준을 넘으면 효모 자신도 버텨내지 못한다. 알코올 농도가 20퍼센트에 근접하면 효모가 사멸하기 때문에 발효를 통해 만들 수 있는 알코올 농도는 20퍼센트를 넘지 못한다. 대부분의 발효주가 15퍼센트 내외의 알코올 농도를 갖는 것이 바로 이 때문이다. 와인, 청주와 같은 발효주는 대부분 13~16퍼센트 정도의 알코올 농도를 나타낸다. 우리나라 대표 발효주인 막걸리도 발효가 끝나면 이 수준의 알코올 농도를 갖지만 시중에 판매되는 막걸리의 알코올 농도는 대부분 4~6퍼센트의 범위이다. 이는 막걸리가 육체노동의 새참 역할을 하는 술이기 때문에 안전사고의 위험을 줄이기 위해 물을 섞어 농도를 조절했기 때문이다.

이쯤 되면 40퍼센트 이상의 도수 높은 술은 어떻게 만들어지는 것인지 궁금해진다. 알코올 농도 20퍼센트 이상의 독주는 발효를 통해서는 만들 수 없다. 알코올 농도를 높이는 과정이 하나 추가되어야 한다. 바로 증류이다. 우리나라의 안동소주, 중국의 고량주, 영국의 위스키, 러시아의 보드카, 멕시코의 데킬라 등과 같이 40퍼센트 이상의 독주는 모두 발효주를 증류한 술이다.

세상에는 수백 가지의 술이 있고 구분하는 방법만 해도 수십 가지를 훌쩍 넘지만 가장 간단한 방법은 발효주와 증류주로 구분하는 것이다. 발효주는 다양한 재료를 발효시켜 만든 술이고 증류주는 발효주를 증류시켜 알코올 도수를 높인 술이다. 세상에 있는 술 중 알코올 농도 20퍼센트 이상의 술은 모두 증류주, 그 외 나머지 술은 발효주로 구분해도 크게 틀리지 않다.

발효주는 발효시키는 재료에 따라 다시 두 가지로 나눌 수 있다. 과일의 과당을 이용해 만든 술과 곡류나 작물의 전분을 이용해 만든 술이다. 과당을 이용한 술은 와인이 대표적인데 술을 만드는 과정은 앞서 설명한 것처럼 비교적 간단하다. 잘 익은 과일이 공기 중에 떠다니는 효모를 만나면 자연스럽게 술이 만들어진다. 이에 비해 전분을 이용해 알코올을 만드는 과정은 좀 복잡하다. 효모가 전분을 이용해 직접 알코올을 만들지 못하기 때문에 전분을 당분으로 바꿔주는 당화(효소 또는 산의 작용으로 녹말처럼 무미한 다당류를 가수분해해 감미가 있는 당으로 바꾸는 반응 및 조작) 과정이 추가로 필요하다. 전분을 당분으로 바꿔주는 효소가 우리에게 익숙한 아밀레이스[14]이다. 아밀라아제라고도 불리는 아밀레이스는 우리가 음식을 먹을 때 입안의 침샘에서 분비되는 탄수화물 소화효소이다. 이를 이용해 술을 만든 기록은 동서양에 다수 전해진다. 곡류를 담은 항아리에 침을 뱉어 술을 만들기도 하고 쌀을 씹어 뱉어낸 것을 모아 술을 만들기도 했다, 조선 시대 일종의 백과사전인 《지봉유설》에는 쌀을 씹어 뱉어낸 것을 모아 술을 만들었다는 기록이 있다. 쌀을 씹어 뱉는 사람은 주로 젊은 여성이었기 때문에 '미인주'라고 부르기도 한다. 허영만 화백의 만화 〈식객〉에도 미인주가 등장한다. 하지만 오늘날에는 침을 이용하는 대신 아밀레이스 성분을 가진 누룩이나 엿기름을 이용해 막걸리를 만든다.

전분을 이용해 술을 만들 때는 술의 알코올 농도가 15퍼센트 내외가 되도록 물의 양을 적절하게 조절하는 것이 중요하다. 물이 너무 적어 알코올 농도가 지나치게 높아지면 효모가 사멸하기 때문에 발효가 진행되지 못한다. 반대로 물이 너무 많으면 알코올 농도가 낮아져 술이 부패하거나 쉬어버린다.

10

마셔라,
신을 만날 것이다

술은 인간이 조작하지 않아도 자연 속에서 만들어지기 때문에 술의 역사는 기록된 것보다 훨씬 길다고 볼 수 있다. 선사시대부터 와인을 마셨을 것으로 추정되지만 기록이 남아 있지 않기 때문에 우리는 유물로 그 시기를 추정할 수 있다. 예를 들면 출토된 그릇에 포도 성분이 남아 있거나 포도씨가 발견되는 경우이다. 지금까지 발견된 술과 관련된 유물 중 가장 오래된 것은 메소포타미아 문명이 발달한 그루지아(현재 조지아) 지역에서 발견되었다. 이 지역에서는 와인 항아리인 크베브리^{Kvevri}가 다량 발견되었는데 그 시기는 기원전 8000년 전으로 추정된다. 그곳에 살던 수메르인들은 와인과 맥주를 즐겼다. 맥주에 비해 귀한 술이었던 와인은 아마도 신에게 제사를 올리는 성스러운 의식에 쓰였을 것이다. 동물을 제물로 바치고 그 피를 나누어 마시며 신과의 연결 고리를 만들었던 부족들은 와인을 접하면서 선홍빛의 와인이 피를 닮았다고 생각했을지도 모른다. 제사 의식이 끝난 후 술을 나눠 마신 사람들이 느꼈던 기분 좋은 몽롱함은 아마도 미지의 세계에서 신과 만나는 듯한 착각을 불러오기에 충분했을 것이다. 술은 자연스럽게 신에게 제사를 올릴 때 쓰이는 중요한 음식이 되었다. 술을 마시면 느끼는 기분 좋은 취기는 당시 사람들로서는 이해할 수 없는 초자연적인 현상이었고 술은 자연스럽게 신의 음료가 되었다.

인류 역사상 최초로 술을 마신 곳으로 알려진 서아시아와 북아프리카 지역은 오늘날 술을 금지하는 이슬람 국가가 대부분이다. 아이러니하게도 인류 최초로 술을 즐겼던 곳이 지금은 금주의 땅이 되었다. 알코올이라는 단어의 탄생도 이 지역에 기원을 두고 있다. 알코올alcohol의 어원에 대한 정확한 기원은 알려지지 않았지만, 아랍어 알쿠흘al-kuhl에서 유래되었다는 설이 지배적이다.[15] 이슬람교 경전인 《코란》에도 "천국에서는 술을 마음껏 마실 수 있다(56:18)", "그 술은 두통과 취하는 일이 없는 술이다(56:19)" 등과 같이 술에 대한 기록이 많다.[16]

이슬람 국가는 왜 술을 금지했을까? 물론 술을 권하는 종교가 있을 리 없지만 다른 종교보다 이슬람교는 심할 정도로 철저하게 술 마시는 것을 금지한다. 그 사연은 이슬람교의 창시자 무함마드와 관련이 있다고 전해진다. 무함마드가 친구의 결혼식에 참석한 일이 있었는데, 결혼식에 참석한 하객들이 술에 취해 서로 싸우기 시작하고 급기야는 죽는 사람까지 생기게 된다. 무함마드는 이 모든 일의 원인이 술에 있다고 여겨 모든 신도에게 금주령을 내렸다고 한다.

금주령의 가장 효과적인 방법은 와인을 만들지 못하게 하는 것이었다. 무함마드는 포도즙을 만들거나 저장하는 용기의 종류를 제한하는 방식으로 와인을 만들지 못하게 했다. 호리병, 송진을 칠한 토기, 속을 파낸 야자나무 그릇을 금지했고 가죽 주머니만 허락했다. 와인은 특별한 그릇 없이 자연 속에서도 만들어지는 술이었기 때문에 용기를 제한하는 금주령이 효과를 거두지는 못한 듯하다. 금주령 이후에도 음주는 계속되었으니 말이다. 하지만 이후 이슬람 국가가 지배하는 지역은 와인을 생산할 수 없게 되면서 와인의 생산 기반 자체가 무너졌다.

이슬람 제국이 서아시아와 북아프리카를 비롯해 지중해 연안으로 세력을 확장하면서 이 지역의 포도 재배는 위기를 맞는다. 이 때문에 중동과 북아프리카에서는 와인 문화가 자취를 감추게 된다. 이슬람 국가는 교리로 술을 금하고 있지만 술은 태초의 인류부터 즐겨왔던 음식이기 때문에 정부 차원에서 금주를 시행하기는 쉽지 않다. 오늘날 25개의 이슬람 국가 중에서 금주령을 철저히 지키는 나라는 사우디아라비아를 포함해 다섯 곳에 불과하다는 사실이 그 반증이다.

악행을 금하고 선행을 권하는 종교의 특성상 술을 권하는 종교는 있을 수 없다. 술을 가장 엄격하게 금지하는 종교는 방금 이야기한 것처럼 이슬람교이다. 금지하는 강도로 보면 그다음 순서는 불교가 아닐까 싶다. 불가의 승려가 먹지 말아야 할 음식 중 대표적인 것은 고기와 술이다. 출가한 승려가 지켜야 할 다섯 가지의 계율 중에 술을 마시지 말라는 내용이 포함되어 있다. 다섯 가지 계율은 살생하지 말고, 도둑질하지 말고, 음란한 짓을 말고, 거짓말하지 말고, 그리고 술을 마시지 말라는 내용이다. 술 마시는 행위를 살생과 도둑질과 같이 하지 말아야 할 악행으로 여긴 셈이다.

경전에 술을 금지해야 한다고 적혀 있는 것은 힌두교도 마찬가지이다. 대표적인 힌두교 국가인 인도의 경우 헌법에 "주정부는 국민의 영양 상태와 생활수준, 공중 보건의 향상을 중요시해야 한다. 주정부에서는 의학적인 목적을 예외로 건강을 유해하게 하는 술과 약물의 소비를 금지하도록 노력해야 한다"라는 조항이 포함되어 있다고 한다.[17] 음주를 금하는 힌두교의 교리뿐만 아니라 헌법에 술을 금지해야 한다는 명시적 언급이 있지만 인도인들은 여전히 술을 즐긴다.

세계 4대 종교 중에서 경전과 교리에 명시적으로 금주에 대해 언급하지 않은 유일한 종교가 있다. 바로 기독교이다. 예수 그리스도가 제자들과 함께 나눈 '최후의 만찬'에 포도주가 등장한 사실로 알 수 있듯이 성경은 금주를 말하지 않는다. 예수가 최초로 행한 기적도 가나의 혼인 잔치에서 물을 포도주로 바꾼 일이다. 우리가 개혁을 말할 때 자주 쓰는 "새 술은 새 부대에"라는 표현도 예수가 한 말이다. 이 말의 의미는 새 포도주를 낡은 가죽 부대에 넣으면 딱딱하고 유연성이 떨어져 포도주가 발효하는 과정에서 부대가 터지니 새로운 부대에 담으라는 뜻이다. 기독교가 다른 종교에 비해 술에 대해 비교적 관대했음을 알 수 있는 대목이다. 하지만 술을 긍정적으로만 표현한 것은 아니다. 성경에서는 "취하지 말라"라는 구절이 나오는 만큼 술에 취한 삶에 대해서는 부정적으로 보는 경향이 강한 셈이다.

대부분의 종교가 술에 대해 부정적인 시각을 가지고 있다. 하지만 태초의 인류부터 마셔온 술을 끊기는 쉽지 않을 듯하다. 우리가 술을 어떻게 대해야 하는지는 종교에 따라 입장이 다르고 개인에 따라 의견이 분분할 수 있다. 이 고민의 답은 고서에서 찾을 수 있을 듯하다. 공자의 행적을 기록한 《논어》의 〈향당편〉에는 공자의 술 마시는 습성이 언급되어 있는데 우리가 배워야 할 주도가 아닐까 싶다.

唯酒無量不及亂 (유주무량 불급란)
술을 마시는 데 일정한 주량은 없지만
어지러운 데까지 이르지 않았다.

11

와인은 왜
어려운 술이 되었나

　분위기 있는 레스토랑에 한 연인이 마주 앉아 있다. 나비넥
타이 차림의 웨이터가 다가와 읽기도 어려운 와인 이름으로 채
워진 메뉴판을 남자에게 건넨다. 메뉴판을 받아든 남자는 와
인 목록을 손으로 짚어가며 와인 전문가인 양 연기를 한다. 손
님의 연기를 보고 있는 웨이터는 손님이 와인에 대해 모른다는
사실을 알면서도 천연덕스럽게 손님의 주문에 맞장구를 친다.
한번쯤은 경험했거나 충분히 상상할 수 있는 상황이다. 와인은
왜 이렇게 우리를 곤경에 빠뜨리는 것일까?
　술에 대한 이야기 중에서 빠질 수 없는 것이 바로 와인이다.
앞서 이야기한 것처럼 와인은 인간이 만든 술이라기보다는 인
간이 발견한 술이라는 것이 더 정확한 표현이다. 와인을 인류
가 최초로 마신 술로 추정하지만 언제부터 마시기 시작했는지

에 대한 구체적인 기록은 없다. 다만 인류 역사보다 더 오래되었을 것으로 추정할 뿐이다. 인류 최초의 술은 과일로 만든 과실주였고 그 술은 포도로 만든 와인이었을 것이라고 학자들은 말한다. 그런데 당시 사람들은 수많은 과일 중 왜 하필 포도를 선택했을까?

이 물음에 답을 찾기 위해 앞서 설명한 술이 만들어지는 과정을 기억해 보자. 술은 당분이 발효를 통해 알코올로 만들어진 것이고, 이 반응을 일으키는 물질은 효모라고 하는 미생물이다. 술이 만들어지기 위해서는 당분과 효모만 있으면 된다. 자연에서 당분이 많은 식품은 과일이다. 이제 효모만 있으면 된다. 효모는 어디에서 구할 수 있을까? 자연에서 효모는 의외로 가까운 곳에 있다. 바로 과일의 껍질인데, 껍질에 가장 많은 효모를 가진 과일은 포도이다. 효모가 포도를 선택한 것은 아마도 당분 때문일 것이다. 전 세계에 고루 분포하는 과일 중에 당도가 가장 높은 과일이 포도이다. 물론 열대과일 중에는 포도보다 당도가 높은 것도 있지만 특정 지역에서만 자라는 한계가 있다. 당분을 먹고 사는 효모가 포도를 선택한 것은 어쩌면 당연한 일인지도 모른다. 효모는 진화 과정을 통해 든든한 식량 창고 바로 옆에 터를 잡은 셈이다.

포도는 알코올을 만들기 위해 필요한 당분과 효모를 모두 가지고 있기 때문에 포도알 하나가 작은 양조장인 셈이다. 인

간의 도움 없이도 포도알이 움푹한 곳에 떨어져 고이면 자연적
으로 발효가 이루어져 와인이 만들어진다. 고대 인류가 바위틈
에 고인 자연산 와인을 발견하면서 인간과 술의 역사적 조우가
이뤄졌을 것이다.

  메소포타미아 문명의 발상지인 서아시아 지역에서 시작된
와인 문화는 이집트로 전해진다. 이집트는 나일강 하류의 비옥
한 삼각지에서 포도를 재배해 와인을 생산했다. 기원전 1400년
대에 그려진 이집트 귀족 무덤에서 발견된 벽화 중에는 포도를
수확해 와인을 만드는 과정이 자세하게 기록되어 있다. 이집트
인들이 무덤 벽화에 와인 제조 과정을 남겼다는 사실은 그들에

게 와인은 단순한 술 이상의 의미가 있었음을 알 수 있다.

이집트에서 발달한 와인 문화는 당시 이집트와 교역이 활발하던 그리스를 통해 유럽으로 진출한다. 산과 구릉지가 많아 포도 재배에 적합한 조건을 가진 그리스로 와인이 전해지면서 와인은 그리스 문화에 깊숙이 스며든다. 그리스에서도 와인은 단순한 술 이상의 의미를 가졌다. 그리스 로마 신화에 나오는 올림포스 12신에 술을 관장하는 디오니소스가 당당히 포함된 것을 보면 당시 와인이 어떤 위상을 가졌는지 짐작할 수 있다. 디오니소스는 술의 신인 동시에 풍요의 신이기도 하다. 당시에도 와인은 값비싼 술이었던 셈이다. 이후 로마제국이 나타나 그리스를 비롯한 유럽을 차지하면서 와인은 자연스럽게 유럽의 술 문화를 이끌게 된다. 최후의 만찬에서 예수가 잔을 들어 와인을 자신의 피라고 했던 것처럼 와인 문화는 기독교를 기반으로 탄탄하게 정착한다. 이후 기독교가 로마제국의 국교로 선포되면서 유럽에서 기독교와 와인은 떼려야 뗄 수 없는 관계가 형성된다. 서양 문화의 정수처럼 생각되는 와인의 시작이 유럽이 아닌 중동이었다는 사실은 흥미롭다.

수메르, 이집트, 그리스, 로마, 그리고 유럽을 거치는 과정에서 와인은 많은 사랑을 받았다. 그런데 이렇게 많은 사랑을 받은 술이 언제부터 왜 알기 어려워진 것일까? 와인은 다른 술과 달리 따져야 할 게 너무 많다. 포도 품종, 생산 국가, 생산 지역,

제조사, 그리고 생산 연도 등 와인을 선택할 때 고려해야 할 부분이 한두 가지가 아니다. 아이러니하게도 술을 제대로 마시려면 공부를 해야 하는 웃지 못할 상황이 벌어진 셈이다.

와인이 복잡하고 어려워진 이유는 와인이 대중화되는 과정에서 찾을 수 있을 듯하다. 귀족을 중심으로 일부 계층이 마시던 와인은 생산기술이 발달하면서 점차 대중화된다. 운반과 저장 기술이 뒷받침되면서 와인을 전문적으로 생산하는 양조장이 하나둘 늘어났다. 와인을 병에 담아 판매하려다 보니 와인에 대한 정보를 담은 라벨이 필요했다. 아마도 병에 붙은 라벨에는 와인 이름을 비롯해 포도 종류, 생산자, 포도 수확 연도 등이 적혔을 것이다. 이때부터 와인은 어려운 술이 된다. 와인 이름을 붙이는 방법이 제각각이었던 탓에 너무 많은 종류의 와인이 시장에 쏟아져 나왔기 때문이다. 오늘날에도 와인 이름을 붙이는 방식은 일정한 규칙이 정해져 있지 않다. 와인을 만든 사람이 붙이고 싶은 이름으로 정하면 된다. 규칙이 정해진 것은 아니지만 와인 이름을 정하는 방식이 전혀 없는 것은 아니다. 가장 일반적인 방식 몇 가지를 소개하면 이렇다.

가장 널리 쓰이는 방법은 양조장(포도원)의 명칭을 와인 이름으로 정하는 방식이다. 프랑스의 샤토 와인이 대표적이다. 샤토Chateau는 성을 뜻하는 프랑스어인데 포도밭과 와인을 만드는 양조장을 의미한다. 샤토 뒤에 양조장 소유자의 이름을 붙여

'샤토 OO' 식으로 이름을 정하기도 한다. 와인을 생산한 지역의 이름을 붙이는 방식도 있다. 그런데 생산지만 적지 않고 지명 뒤에 양조장 이름이나 생산자의 이름을 붙이는 것이 일반적이다. 생산지명 대신 포도밭 이름을 따는 경우도 있다. 이 외에도 와인 이름을 정하는 방식은 많지만 생략하기로 한다. 위에서 설명한 몇 가지 방식만으로도 이미 차고 넘치게 와인 이름을 만들어낼 수 있기 때문이다.

차고 넘치는 와인 종류 속에서 우리가 와인을 선택하기 어려운 것은 어쩌면 당연한 일이다. 웨이터가 건넨 와인 메뉴판 앞에서 긴장하거나 연기할 필요는 전혀 없다. 단지 즐겁게 마시고 기분 좋게 누리면 된다. 마치 인류 최초로 와인을 마셨던 수메르인들이 그랬던 것처럼 말이다.

그 많던 전통주는
왜 사라졌을까?

우리나라는 술에 무척 관대하다. 관대함이 지나쳐 사회문제가 되는 경우도 많다. 조선 시대 기록에도 술을 즐기던 임금은 술에 비교적 관대한 편이었다. 하지만 주사의 대상이 임금이고 주사가 역린을 건드린 경우는 상황이 좀 달랐다. 조선 시대에 술 주사로 인생이 바뀔 뻔한 사람 중에 신숙주를 빼놓을 수 없다.

카리스마 넘치는 세조도 술자리 실수에 대해서는 너그러운 편이었다. 자신이 술을 즐겼기 때문이다. 그런데 그 너그러움의 바닥을 보려는 신하가 있었다. 바로 신숙주였다. 집현전 학자가 늦게까지 책을 읽다 잠들어 세종이 자신의 옷을 덮어줬다는 일화를 지닌 주인공이기도 하다. 전해지는 일화로 알 수 있듯이 신숙주는 지독한 독서광이었고 수재였다. 책을 읽으려고 집현

전 숙직을 도맡아서 했다는 일화가 있을 정도이다.

술을 좋아했던 세조는 때때로 신하들과 마음을 풀어놓는 술자리를 갖곤 했다. 그러던 어느 날 신하들과 연회를 갖던 세조는 신숙주의 팔을 잡고 술을 마시면서 "경(신숙주)도 내 팔을 잡으라"는 명을 내렸다. 신숙주가 이 말을 듣고 세조의 팔을 잡았는데 너무 많이 취한 탓에 팔을 비틀어버렸다. 세조가 비명을 질렀고 술자리에 함께 있던 사람들이 놀랐지만 세조는 괜찮다면서 분위기를 깨지는 않았다. 그런데 속으로는 상당히 마음이 상했던 모양이다. 아무리 술자리 실수지만 역린을 건드린 셈이니 신숙주의 운명이 한 치 앞도 예상할 수 없는 상황에 처했다. 정작 신숙주는 술에 취해 분위기 파악을 전혀 못하고 있었지만, 이 상황을 정확히 파악하고 신숙주를 위기에서 구해낸 의외의 인물이 있었다. 바로 세조의 책사였던 한명회였다. 그는 술자리가 파한 뒤 신숙주에게 이렇게 당부했다. 집에 돌아가면 절대 책을 보지 말고 바로 잠자리에 들어야 한다고.

집에 들어간 신숙주는 평소처럼 책을 펼쳤다가 한명회의 말을 떠올리고 서둘러 잠자리에 들었다. 그 시각 세조는 내관을 불러 신숙주의 집에 가보라고 지시한다. 신숙주가 술자리에서 한 행동이 정말 만취해서 한 것인지 아니면 자신에 대한 감정을 술을 핑계 삼아 표현한 것인지 확인하려는 셈이었다. 신숙주의 집을 다녀온 내관을 통해 신숙주가 술에 취해 책도 읽지

않고 잠이 들었다는 말을 전해 들은 세조는 그때서야 안심했다고 전한다.[18]

세조가 신하들과 술을 즐겼던 조선 시대는 우리나라 전통주의 전성기라고 할 수 있다. 당시에는 전통주인 곡식 발효주 외에도 고려 말 몽골의 침입으로 전해진 증류주인 소주燒酒[19]가 더해져 그 종류가 300여 가지에 이르렀다. 술을 빚는 일을 전담하는 기관이 있었고 그 관리는 상온이라는 벼슬로 정삼품 당상관이었다. 임금의 수라상을 총괄하는 종이품인 상선 다음으로 품계가 높은 직위였다. 조선 시대 궁에서 술 빚는 일이 얼마나 중요했는지를 알게 하는 대목이다.

술은 궁궐에서만 즐겼던 것은 아니었다. 조선 시대 성종 21년에 사간 조효동이 술에 대해 이런 간언을 한다. "세종조世宗朝에는 사대부 집에서 소주를 드물게 썼는데 지금은 보통 연회에서도 모두 쓰므로 낭비가 막심하니, 청컨대 모두 금지하도록 하소서. 또한 관리가 사중에 있을 때 숭음하는 자가 많으니 청컨대 모두 금지하소서." 하지만 일일이 금지하기는 어렵다는 대신들의 반대 의견이 많아 받아들여지지는 않았다.[20] 다산 정약용도 식량난을 해결하기 위해 전국에 있는 소줏고리를 거두어들이라는 상소를 올린 것으로 보면 당시 안동소주와 같은 독주도 전국적으로 유행했음을 알 수 있다. 한자어 술 주酒 대신 우리나라 말인 술이 생겨난 것도 이 시기이다. 세종대왕이 지은 《월인천

강지곡》에는 술을 '수을'로 적혀 있는데,[21] 이 수을이 변해 현대 국어의 술이 되었다고 보고 있다.

조선 시대 300여 가지에 이르던 전통술은 일제강점기를 겪으면서 쇠퇴기를 맞이한다. 을사늑약 이후 일본의 수탈 작업은 술을 제조하는 양조산업에도 영향을 미친다. 일제는 1916년 주세령을 발표해 동네 또는 집집마다 소규모로 만들던 술을 면허 사업으로 변경한다. 주세령의 목적은 술을 만드는 양조장에 세금을 매기기 위함이었다. 이때부터 집안 내력으로 전해져 오던 술은 자연스럽게 도태되고 대규모 양조장 위주의 양조산업이 자리를 잡게 된다. 한국의 전통주가 급격히 사라지면서 그 자리는 일본 청주가 대신하게 된다.

일제강점기를 지나면서 겨우 명맥을 유지했던 우리의 전통술은 해방 이후 식량난을 겪으면서 그 명맥마저 완전히 끊겨버린다. 우리 정부는 식량난 해소를 위해 1965년 쌀로 술 만드는 것을 금지하는 양곡관리법을 발표하고 이 조치로 우리나라 증류식 소주 제조업체는 모두 사라진다.

굿 괴여 닉은 술을 갈건으로 밧타 노코
(이제 막 다 쪄서 익은 술을 칡뿌리로 만든 두건으로 걸러 놓고)
곳나모 가지 것거 수 노코 먹으리라
(꽃나무 가지 꺾어서 잔 수를 세며 먹으리라.)

화풍이 건듯 부러 녹수를 건너오니

(화창한 봄바람이 문득 불어 푸른 물결을 건너오니)

청향은 잔에 지고 낙홍^{落紅}은 옷새 진다

(맑은 향기는 술잔에 가득히 담기고, 붉은 꽃잎은 옷에 떨어진다.)

준중이 뷔엿거든 날드려 알외여라

(술동이가 비었거든 나에게 알리어라.)

_〈상춘곡(정극인)〉 중에서

    전통주와 함께 시를 읊조리며 풍류를 즐겼던 우리 조상들의 운치가 그립다. 전통주는 사라졌지만 우리 조상들이 술을 마시면서 남겼던 시 구절로 아쉬움을 달래본다.

13

국밥,
주막의 시그니처 메뉴

우리가 자주 쓰는 말 중에 "국물도 없다"라는 말이 있다. 건더기는 고사하고 당연하게 기대했던 국물마저 먹을 수 없으니 부수적으로 생기는 게 아무것도 없다는 의미로 쓰인다.

다른 나라 음식에도 삶는 요리가 많지만 국물을 기대하는 경우는 거의 없다. 국물은 요리 재료를 가공하는 용도로만 생각되기 때문에 재료를 삶고 난 국물은 버리는 것이 일반적이다. 하지만 우리나라는 음식을 준비하는 과정에서 생긴 국물을 버리지 않고 요리에 포함시킨다. 심지어 쌀을 씻은 쌀뜨물도 찌개를 끓일 때 사용할 정도이다.

우리나라 음식에는 물을 부어 먹는 음식이 의외로 많다. 그 기원에 대해서는 물이 깨끗하고 풍부하기 때문이라는 설도 있지만, 가난과 전쟁 때문이라는 주장이 더 설득력이 있다. 국은 주재료가 물이고 약간의 고기와 야채만으로도 많은 양의 음식을 만들 수 있기 때문에 가난한 시절 국물로나마 허기진 배를 채우기 위해 국물 음식이 발달했다는 주장이다.

기원이야 어떻든 우리나라 밥상에 국은 빠질 수 없는 메뉴가 되었다. 밥과 국, 그리고 반찬이 놓이는 우리나라 밥상 구성은 학교와 군대, 회사의 단체 급식에서 사용하는 식판 모양에도 영향을 미쳤다. 식판의 왼쪽은 밥을 담는 곳으로 네모 모양이고 오른쪽은 국그릇을 놓는 곳으로 둥근 모양이다. 밥상에 국이 빠지면 안 된다는 생각은 우리가 쓰는 단어에도 그대로 투영되었다. 음식飲食이라는 단어에는 마신다는 의미飲와 먹는다는 의미食를 함께 포함하고 있다. 같은 한자 문화권인 중국과 일본의 단어와 비교해 보면 중국어는 食物, 일본어는 食べ物로 마신다는 의미는 담고 있지 않다.

밥과 국을 같이 먹기 위해서는 꼭 필요한 식사 도구가 있다. 바로 숟가락이다. 국 문화가 발달한 우리나라는 쌀을 주식으로 하는 아시아 국가 중에서 유일하게 숟가락을 주된 식사 도구로 사용한다. 일본과 중국도 식사 중에 숟가락을 쓰지만 국물에 담긴 건더기를 건지는 용도이기 때문에 숟가락의 모양도 국물을 많이 덜어내는 형태로 만들어졌다. 서양에도 스푼은 있지만 식사 전에 스프를 떠먹을 때만 사용한다.

밥과 국이 같이 제공되는 밥상은 자연스레 밥을 국에 말아

먹는 국밥으로 발전한다. 국밥은 특별한 반찬 없이 김치만 있으면 훌륭한 한 끼가 된다. 게다가 빨리 먹을 수 있다는 장점도 있다. 이런 장점 때문에 우리나라 사람들이 외식 메뉴로 가장 선호하는 메뉴는 국밥이다. 시대극에서도 주막을 찾는 사람들의 대사는 "주모, 여기 국밥 한 그릇 말아주시오"이다.

그렇다면 우리나라 사람들은 언제부터 이렇게 국밥 민족이 된 것일까? 국밥이 시대를 막론하고 대표적인 외식 메뉴로 자리 잡은 이유는 우리나라의 주식인 밥에서 찾을 수 있다. 아궁이에 불을 지펴 가마솥으로 밥을 짓던 옛날에는 밥을 금방 짓기도 쉽지 않고 따뜻하게 보관하기도 어려웠다. 신속하게 음식을 준비하는 것이 외식업의 기본인데 따뜻한 밥을 금방 준비하기 어렵다는 사실은 식당 운영에 치명적인 제약이었다. 이 제약 때문에 조선 시대 중기까지 주막에서 식사는 할 수 없었다. 주막이라는 이름 그대로 술과 잠자리만 제공한 것이다.

술만 가능했던 주막의 메뉴판에 조선 후기 들어 변화가 나타난다. 보온 밥솥 없이도 밥을 항상 따뜻하게 먹을 수 있는 방법이 등장했기 때문이다. 그 방법은 바로 토렴이다. 익숙하지 않은 단어인 토렴은 식은 밥에 뜨거운 국물을 부었다가 따라내는 과정을 반복하면서 밥을 데우는 방법이다. 토렴의 등장으로 따뜻한 밥을 금방 제공하게 되면서 국밥은 조선 시대 주막의 '시그니처 메뉴'가 된다.

가난에서 시작된 우리의 국밥 문화는 먹거리가 넉넉해진 지금도 여전히 인기 있는 메뉴이다. 더운 여름에도 뜨거운 국밥을 먹으면서 "시원하다"를 연발하는 모습은 보면 국밥은 우리나라 사람들의 소울푸드를 넘어 DNA로 자리 잡은 듯하다.

14

냉면,
그 기묘한 음식

아래는 시인 백석이 1941년 발표한 시의 일부 구절로, 백석이 그토록 반가워했던 이 음식은 무엇이었을까?

겨울밤 동치밋국과 잘 어울린다고 했던 이 음식은 바로 냉면이다. 당시에는 냉면도 국수라고 했기 때문에 시의 제목도 〈국수〉이다.

> 아, 이 반가운 것은 무엇인가
> 이 히수무레하고 부드럽고 수수하고 슴슴한 것은 무엇
> 인가
> 겨울밤 쩡하니 닉은 동티미국을 좋아하고
> 얼얼한 댕추가루를 좋아하고
> 싱싱한 산꿩의 고기를 좋아하고

그리고 담배 내음새 탄수 내음새 또 수육을 삶는 육수국
내음새
자욱한 더북한 삿방 쩔쩔 끓는 아르궅을 좋아하는 이것
은 무엇인가
이 조용한 마을과 이 마을의 으젓한 사람들과 살틀하니
친한 것은 무엇인가
이 그지없이 고담하고 소박한 것은 무엇인가.

_백석, 〈국수〉 중에서

오늘날 우리가 여름철 별미로 즐기는 냉면을 우리 조상들은
눈이 오는 겨울철에 즐겨 먹었다. 더운 여름 시원하게 먹는 냉
면도 맛나지만 눈 내린 추운 겨울 살얼음이 동동 뜬 동치미 국
물에 말아 먹는 냉면도 별미였을 것이다.

2008년 KBS가 방영했던 국수를 주제로 한 다큐멘터리 〈누
들로드〉에서는 국수를 '기묘한 음식'이라고 표현한다. 음식에
서 일반적으로 볼 수 없는 가늘고 긴 형태의 면발을 두고 한 표
현인 듯하다. 지금으로부터 약 4000년 전 중앙아시아에 뿌리를
두고 있는 이 기묘한 음식은 아시아뿐만 아니라 실크로드를 따
라 유럽의 식탁에도 오른다. 국수가 '누들로드'를 통해 동서양
으로 전해진 것을 증명하듯이 이란과 이탈리아 시칠리아섬 등
지에는 우리나라 칼국수와 비슷한 음식이 있다.

그런데 밀을 주재료로 하는 국수가 밀을 주식으로 하는 서양에서는 특별한 관심을 끌지 못한다. 오히려 쌀을 주식으로 하는 아시아에 널리 퍼져나간다. 왜 이런 아이러니한 일이 일어난 것일까?

그 답은 국수를 먹기 위해 필요한 식사 도구에서 찾을 수 있다. 국수를 먹기에 가장 편리한 도구는 젓가락이다. 물론 스파게티를 먹을 때는 포크를 사용하기도 하지만 가늘고 긴 면발이 담긴 음식을 먹을 때는 젓가락을 따라갈 만한 도구가 없다.

국수를 즐기기 위해서는 어느 정도의 젓가락질은 할 줄 알아야 하기 때문에 국수는 자연스럽게 젓가락 문화가 발달한 아시아 사람들에게 친숙한 음식으로 자리 잡았다. 젓가락을 사용하지 않는 서양에서는 국수 요리도 포크로 먹을 수 있게 국물없이 요리하지만, 젓가락 문화가 발달한 아시아에서는 국수를 육수라고 하는 국물에 말아 먹는다. 우리나라의 칼국수와 냉면, 중국의 우육탕면, 일본의 우동, 베트남의 쌀국수가 모두 그런 형태의 국수이다.

전 세계적으로 젓가락 사용이 보편화되면서 국수는 아시아권 국가뿐만 아니라 전 세계인이 즐겨 먹는 음식이 되었다. 그중에서도 우리나라 사람들의 국수 사랑은 유별나다고 할 수 있다. 국수를 좋아하는 만큼 종류도 다양하고 먹는 방법도 독특하다.

백석 시인이 시에서 말했던 냉면, 살얼음이 동동 떠 있는 국수는 다른 나라에서 유례를 찾아볼 수 없는 우리나라만의 독특한 음식이다. 물론 일본의 소바처럼 시원하게 먹는 국수가 있긴 있지만 얼음물에 면발을 말아 먹는 나라는 우리나라가 유일하다.

중앙아시아에서 전래된 밀가루 국수가 왜 우리나라에서는 물에 말아 먹는 메밀 냉면이 되었을까? 여러 가지 이유가 있을 수 있지만 가장 큰 이유는 기후와 토양 탓에 밀을 생산하지 않아서이다. 밀가루는 진짜 가루라는 의미의 진가루로 불릴 만큼 귀하디귀한 재료였다. 드라마 〈대장금〉에서도 수라간 정식 궁녀가 되는 어선 경연에 참가한 장금이가 진가루를 잃어버려 한바탕 소동이 벌어지는 장면이 나온다. 밀가루가 귀했기 때문에 귀한 밀 대신 척박한 산지에서도 잘 자라는 메밀을 이용한 음식으로 변화된 것이다.

그런데 메밀로 국수를 만드는 데는 결정적인 단점이 있었다. 점성이 약해 가늘고 긴 면발로 뽑아내기가 쉽지 않다는 점이다. 가늘고 긴 면발을 만들기 위해서는 밀국수와는 다른 방법이 필요했다. 그래서 메밀국수는 메밀 반죽을 국수틀에 넣어 압착을 통해 면발을 뽑고, 뽑은 면발은 즉시 뜨거운 물에서 삶는 방법으로 만들었다. 냉면 면발을 직접 뽑는 압출기가 바로 이 기능을 하는 기계이다. 베트남 쌀국수를 만드는 쌀, 이탈리

김준근, 국수 누르는 모양, 1882~1885년경

아 스파게티를 만드는 듀럼밀 모두 점성이 부족한 곡물이기 때문에 국수를 만들 때 비슷한 방법을 사용한다.

　과거에는 국수를 뽑는 압출기가 없었기 때문에 국수틀을 이용해 사람의 힘으로 눌러 면발을 뽑았다. 당연히 그 과정이 쉽지 않았다. 19세기 풍속화를 그린 기산 김준근의 〈국수 누르는 모양〉이라는 그림을 보면 국수 만드는 제면 기술자의 고단함이 느껴진다. 그림 속에 한 사람은 사다리에 매달린 채 국수틀을 누르고 다른 한 사람은 뽑아진 면발을 가마솥에서 부지런히 휘젓고 있다. 이 모습을 보면 국수 한 그릇이 밥상에 올라오는 과정이 쉽지 않았음을 알 수 있다.[22]

국수는 국수틀과 두 명의 장정이 있어야 만들 수 있는 음식이니 지체 높은 양반집이거나 소위 사는 집이 아니면 엄두도 내기 어려운 음식이었다. 수확한 곡식으로 국수를 만드는 과정은 밥을 짓는 과정에 비해 훨씬 많은 단계를 거쳐야 한다. 곡식을 갈아 가루로 만들고 가루를 반죽해 국수틀에 넣고 가늘게 면발로 만든 다음 끓이는 단계를 거쳐야 밥상에 올라올 수 있었다. 국수는 밀을 주재료로 하는 빵에 비해서 복잡하고, 국수와 비슷한 수제비에 비해서도 번거로운 조리 과정을 거쳐야 한다.

오늘날 국수는 그저 한 끼 때우는 분식집 메뉴가 되었지만 옛날에 국수는 귀한 몸이었고 아무 때나 아무나 먹을 수 있는 음식도 아니었다. 동네 결혼식과 회갑연의 잔칫날쯤 되어야 평민들은 맛볼 수 있는 귀한 음식이었다. 밀가루가 귀했던 시절 밀가루로 만든 소면은 정말 잔칫날에만 먹을 수 있는 '잔치국수'였고, 그래서 "언제 국수 먹여줄 거냐"라는 말은 곧 "언제 결혼할 거냐"라는 의미가 되었다.

그렇게 귀하던 밀가루 국수가 지금처럼 대중화된 과정에는 안타깝게도 전쟁과 가난의 아픔이 묻어 있다. 6.25 전쟁이 끝나고 남북이 분단되면서 평양과 함흥을 중심으로 한 메밀의 보급은 줄어든 반면, 미국의 식량 원조에 따라 밀이 대량으로 우리나라에 공급되기 시작한다. 진가루로 불릴 만큼 귀하던 밀가루가 흔해지면서 밀가루로 만든 수제비와 칼국수가 전쟁 이후의 국민 허기를 달래주었다.

밀가루가 흔해진 덕분에 그간 우리나라 사람들에게 일반적이었던 메밀국수가 오히려 특별한 취급을 받게 되었다. 특히 남북한이 첨예하게 대치하는 상황에서 평양냉면은 음식 그 이상의 의미로 여겨지곤 한다. 냉면은 북한을 대표하는 음식이기에 남북한이 마주하는 식사 장소에는 항상 단골 메뉴로 등장한다. 반갑기도 하고 어색하기도 한 자리에 준비된 메뉴이다 보니 어떤 때는 "냉면이 목구멍으로 넘어갑니까?"라는 '갑분싸' 멘트의 주제가 되기도 하고, 어떤 때는 "어렵사리 평양에서 평양냉면을 가져왔습니다"라는 말로 상대방에 대한 환대를 표현하기도 한다.

음식 하나가 나라 간 협상 분위기를 좌지우지하는 상황을 보면 국수는 가늘고 길게 생긴 기묘한 모습만큼이나 우리에게 참 기묘한 음식인 듯하다.

물의 흐름이
세상을 바꾼다

인류 문명은
끓는 물이 만들었다

인간은 지구에 살고 있는 동물 중에서 유일하게 불을 사용한다. 인류가 불을 사용한 시기는 약 40만 년 전후의 네안데르탈인 시대로 추정된다.[1] 불은 추위를 이겨내게 하고 맹수를 쫓을 수 있게 함으로써 인간이 생존하는 데 큰 기여를 했지만 인간이 불을 다루면서 얻은 큰 이점은 따로 있었다. 바로 음식을 조리하기 시작했다는 점이다. 불을 이용해 음식을 굽거나 삶으면 여러 가지 이점이 있다. 먹을 수 있는 식재료 종류가 늘어나는 것은 물론이고 섭취한 음식의 소화도 쉬워진다. 그뿐만 아니라 조리하는 과정에서 살균이 이뤄지기 때문에 위생 측면에서도 매우 긍정적이다. 소화가 잘 된다는 것은 많은 음식을 먹어도 몸에 빨리 흡수가 된다는 의미이다. 음식물 섭취가 증가하고 영양 상태가 좋아지면서 신체 활동과 뇌 용량도 증가했다. 불을 이용해 음식을 익혀 먹기 시작한 덕분에 인류는 지구 상에 존재하는 동물 중에서 가장 높은 위치를 차지했다. 이제 인류는 그 불로 물을 끓여 예전에는 상상하지도 못했던 새로운 세상을 만들어가고 있다.

우리는 인공지능이 사람보다 바둑도 잘 두고, 운전도 잘하는 이른바 4차 산업혁명 시대에 살고 있다. 산업혁명의 역사를 거슬러 올라가 보면 컴퓨터와 인터넷의 발명으로 시작된 3차 산업혁명, 그 이전에는 전기 발명으로 이뤄진 2차 산업혁명, 그리고 더 이전에는 증기기관의 발명이 가져온 1차 산업혁명이 있었다. 그런데 인류 발전을 이끌어온 이 모든 산업혁명은 끓는 물 덕분이었다. 지금 우리가 누리고 있는 인류 문명 대부분

증기기관, 출처: Nicolás Pérez

은 끓는 물이 만드는 수증기 덕분이라고 해도 과언이 아니다.

이 사실을 이해하기 위해서는 산업혁명 초기로 거슬러 올라갈 필요가 있다. 대부분의 사람들은 증기기관을 최초로 발명한 사람이 영국의 제임스 와트^{James Watt}라고 기억할 테지만 사실 증기기관을 최초로 발명한 사람은 토머스 뉴커먼^{Thomas Newcomen}이었다. 1705년 뉴커먼이 최초로 발명한 증기기관은 상하 피스톤 운동 형태로 광산에서 발생하는 물을 퍼올리기 위한 펌프에 적용되었다. 그 후 60여 년이 지난 1765년, 우리가 알고 있는 제임스 와트는 기존 토머스 뉴커먼의 증기기관을 개량해 현재와 같은 모양의 증기기관을 만든다. 기본적인 원리는 물을 끓여 발생하는 수증기의 압력을 이용해 장치를 회전시키는 방식이었다.

액체 상태의 물은 기체 상태의 수증기가 되면 부피가 1244배나 늘어나고 온도 상승에 따른 부피 증가까지 고려하면 1500배 이상으로 커진다. 이렇게 엄청나게 늘어난 부피는 팽창하면서 압력을 만들어내고, 이 압력을 운동 에너지로 바꾼 것이 바로 증기기관이다. 이 운동 에너지를 회전력으로 바꿔서 기차 바퀴에 적용하면 증기 기관차가 만들어진다.

증기 기관차를 만들었던 인류는 그로부터 100년쯤 지난 1860년대에 증기기관의 회전력을 발전기에 적용해 전기를 만든다. 프랑스의 발명가 제노베 그램미^{Zenobe T. Gramme}가 인류 최초의 발전기를 만들면서 2차 산업혁명이 시작되었다.

증기기관과 발전기가 완전히 다른 영역에 있는 발명품 같지만, 증기에 의한 운동 에너지를 회전력으로 바꿔서 무엇인가를 회전시킨다는 원리는 같다. 증기기관의 회전력으로 발생한 전기는 산업의 쌀이라고 할 만큼 없어서는 안 될 핵심 에너지원이 되었다. 우리나라는 제조업 에너지원 중 전기가 차지하는 비중이 절반 가까이 되기 때문에 전기 없이는 첨단산업뿐만 아니라 산업 자체가 가동을 멈출 수밖에 없는 상황이다.

전력을 생산하는 발전의 종류에는 화력, 원자력, 수력, 풍력, 태양광 등 다양한 방법이 있지만 우리나라 전력 생산의 65퍼센트가량은 석탄과 천연가스의 화력에 의존하고, 그다음으로 원자력이 30퍼센트가량을 차지한다. 나머지 5퍼센트 정도의 전력을 수력, 풍력, 태양광 등이 만들어낸다. 전력 생산의 거의 대부분을 차지하는 화력과 원자력 발전은 물을 끓이는 방법만 다를 뿐 수증기의 힘으로 발전기를 돌리는 원리는 똑같다. 화력발전은 화석연료를 태워 그 열로 물을 끓이고, 원자력 발전은 핵분열 과정에서 발생하는 열을 이용해 물을 끓인다.

끓는 물이 만들어준 1차 산업혁명은 인류 문명에 혁명을 가져왔고 전기는 혁명을 넘어 전에는 상상할 수도 없었던 새로운 세상을 열어주었다. 하지만 모든 일이 그렇듯이 긍정적인 면이 있으면 부정적인 면도 있기 마련이다. 전기를 만들기 위한 화석연료 사용이 급증하면서 대기 중 이산화탄소 농도도 가파르게 높아졌다. 산업혁명 이전의 대기 중 이산화탄소 농도가 280피피엠이었던 것에 비해 2020년에는 413피피엠을 기록했다.[2]

산업혁명 이후 1.5배나 증가한 이산화탄소 농도로 지구의 온도는 1.09도가 높아졌다. 그렇다고 증기기관을 발명한 제임스 와트를 비난할 생각은 전혀 없다. 아마 그도 인류가 이렇게 짧은 시간 동안 이렇게 많은 화석연료를 사용할 줄은 상상도 못 했을 테니 말이다.

물길,
역사를 바꾸다

12살의 어린 나이에 왕이 된 단종은 그 이듬해 숙부인 수양대군에게 왕위를 빼앗긴 후 강원도 영월 청령포로 유배를 간다. 단종을 태운 배는 광나루(현 광진대교 근처)를 출발해 남한강을 거슬러 올라간다. 육로를 이용하지 않고 물길을 이용한 것은 아마도 백성들의 눈을 피하기 위함이 아니었을까? 도성에서 가까운 마포진(현 마포대교 근처)이나 한강진(현 한남대교 근처)을 이용하지 않고 도성에서 제법 멀리 떨어진 광나루를 이용한 것도 그 때문이었을 듯하다.

한강은 단종 유배의 슬픈 역사를 담고 있는 강이기도 하지만, 한양에서 강원도와 충청도를 오가는 중요한 교통수단이기도 했다. 우리나라는 지형상 산이 많아 육로를 통해 대규모의 물건을 운송하기는 쉽지 않았다. 이에 비해 한강을 비롯해 금강, 영산강, 낙동강, 섬진강, 대동강 등 내륙 깊숙이까지 뻗어 있는 강을 이용하는 수운은 육상을 통한 육운보다 훨씬 효율적이었다. 조세로 납부하는 세곡 운반은 물론이고 지역 간 생활 필수품 교류가 대부분 물길을 통해 이루어졌다. 한강은 한양을 강원도와 충청도로 연결해 주고, 대동강은 평양을 평안남도와 함경남도로 연결해 주었다. 또한 영산강과 섬진강은 호남지방, 낙동강은 영남지방의 내륙 곳곳을 연결해 주는 운송로 역할을 했다.

강 주변이나 바닷가에 위치한 지역에는 자연스럽게 나루터가 발달해 지명에도 나루터를 의미하는 진津이나 포浦가 들어간 경우가 많다. 포가 들어간 지명은 김포, 격포, 법성포, 영산포, 목포 등이고, 진이 들어간 지명은 거진, 주문진, 정동진, 울진, 부산진 등이다. 그런데 이 지명들을 우리나라 지도에서 찾아보면 포가 들어간 지명은 대부분 서해안에 있고, 진이 들어간 지명은 동해안에 많음을 알 수 있다. 왜 그럴까? 그것은 진과 포가 모두 물가와 나루터를 의미하지만 약간의 차이가 있었기 때문이다. 포는 나루터 중에서도 개 또는 갯벌이라는 뜻으로 조수가 드나드는 곳을 의미한다. 이런 이유로 조수와 갯벌이 있는 서해안의 나루터에는 포를 쓰고 조수와 갯벌이 없는 동해안의 나루터에는 진을 주로 썼다. 한강의 나루터도 조수가 드나드는 곳까지는 마포, 영등포, 반포라 하고 그 위쪽으로 조수가 드나들지 않는 곳은 광진, 잠도진(지금의 잠실)이라고 불렀다.

수로를 통해 운송되는 물품 가운데 가장 중요한 것은 단연 세곡이었다. 국가 경제를 지탱하는 세곡을 안전하게 운반하는 것은 국가로서는 매우 중요한 일이었다. 고려 시대와 조선 시대에 충청도, 전라도, 경상도에서 올라오는 세곡은 바닷길과 한강을 거쳐 도성으로 운반되었다. 이때 도성으로 들어오기 위해서는 강화도 근처 손돌목이라는 좁은 해협을 지나야 했는데 이곳은 물길이 험해 해난 사고가 잦았다. 손돌목은 경기도 김포시와 인천시 강화도 사이에 있는 바닷길이다.

손돌목이라는 지명의 유래에는 손돌이라고 하는 뱃사공의 안타까운 죽음이 담겨 있다. 그 사연은 이렇다.

고려 시대 몽골의 침입으로 왕이 강화로 피난할 때 뱃사공 손돌은 왕과 그 일행을 배에 태워 바닷길을 건너게 된다. 물길이 워낙 험한 곳이다 보니 손돌은 안전한 물길을 찾아 이리저리 배를 몰게 된다. 그러자 왕은 손돌이 자신을 엉뚱한 곳으로 데려가 해칠 것이라는 생각에 손돌의 목을 베라고 명한다. 손돌은 억울함을 호소해 보지만 소용이 없다. 자신의 운명을 예감한 손돌은 배에 있는 박을 물에 띄우고 그 박을 따라가면 험한 물길을 벗어날 수 있다는 말을 남기고 죽음을 맞이한다. 손돌의 목을 벤 후 왕과 신하는 그들이 생각한 방향으로 뱃머리를 돌려보지만 상황은 더 위험해진다. 결국 왕과 일행은 손돌의 말대로 박을 띄우고 그것을 따라갔고 무사히 강화도에 다다른다. 왕은 자신의 경솔함을 깊이 후회하고 손돌의 넋을 위로하기 위해 뱃길이 내려다보이는 경기도 김포시에 그의 무덤을 만들고 해마다 후하게 제사를 지내도록 했다. 이후 손돌이 건넜던 뱃길을 손돌목이라 부르게 되었다.

도성으로 세곡을 운반하는 배가 거친 물길 탓에 침몰하는 일이 잦아지자 조선 중종 때 한강 하류와 인천 제물포를 직접 연결하는 수로를 파기 시작한다. 하지만 당시의 토목 기술로는 인천시 부평구에 있는 원적산을 뚫지 못해 제물포까지 수로를 연결하지 못했다. 이 수로가 지금의 굴포천이다. 굴포천의 이름도 팔 굴堀과 나루 포浦를 써서 인공적으로 판 나루터라는 의미를 담고 있다.

조선 시대에 완공하지 못한 한강 하류와 서해를 직접 연결하는 수로 공사는 그로부터 500년이 지나 다시 추진된다. 1987년 굴포천 유역이 홍수로 큰 피해를 입자 한강의 물을 서해로 빨리 내보내기 위한 치수 사업이 시작된 것이다. 그런데 물을 내보내기 위한 방수로를 건설할 경우 홍수 때만 일시적으로 사용되기 때문에 활용도가 떨어진다는 문제가 제기되었다. 그래서 수로의 규모를 키워 단순한 방수로가 아닌 수운이 가능한 운하를 만들기로 하고 사업 이름도 '경인운하사업'으로 명명한다. 1995년에 시작된 이 사업은 계속되는 환경 단체의 반대와 경제성 논란 등으로 수년간 표류된다. 그리고 오랜 우여곡절 끝에 2011년 경인아라뱃길이라는 이름으로 다시 태어난다.

하천과 바다를 직접 관통하는 수로를 만들어 물길을 짧게 하려는 시도는 바다와 바다를 연결하는 운하로 확대된다. 폭이 좁은 육지에 배가 다닐 수 있는 운하를 건설하면 뱃길을 획기적으로 줄일 수 있다. 대서양과 인도양을 잇는 수에즈 운하, 태평양과 대서양을 잇는 파나마 운하가 대표적이다. 파나마 운하는 남아메리카 해안을 돌아가는 우회항로 대신 북미 대륙과 남미 대륙의 가운데를 관통하는 항로이다. 이 항로가 만들어지면서 뉴욕에서 샌프란시스코까지 2만 2500킬로미터에 달하는 기존 바닷길이 9500킬로미터로 짧아졌다.

수에즈 운하는 아프리카 남단의 희망봉을 돌아가는 항로 대신 이집트 근처의 좁은 육지를 가로지르는 바닷길을 만들어냄으로써 부산항에서 유럽까지의 3만 킬로미터 항로를 2만 킬로미터로 단축해 주었다. 유럽과 아시아를 잇는 길목인 만큼 매일 50여 척의 선박이 수에즈 운하를 통과한다. 만일 이 운하가 봉쇄되는 사고가 나면 유럽과 아시아를 오가는 물류에는 치명적일 수밖에 없다. 그런데 이 염려는 2021년 3월에 현실이 되었다. 선적 무게가 22만 톤이 넘고 길이 400미터에 이르는 초대형 선박 에버 기븐호가 수에즈 운하에서 좌초되어 운하가 봉쇄되는 최악의 사고가 일어난 것이다. 1869년 개통한 이후 150

여 년 동안 선박 한 척이 운하를 완전히 봉쇄한 일은 처음이었다고 한다. 이 사고로 운하가 통제된 지 이틀 만에 유가는 6퍼센트 폭등했고 세계 물류의 12퍼센트가 멈춰버렸다. 수에즈 운하가 국제 무역에서 차지하는 역할을 새삼 느끼게 된 셈이다.

유럽과 아시아를 오가는 가장 짧은 뱃길이다 보니 수에즈 운하 때문에 역사가 바뀐 일도 있었다.

러일전쟁 중 러시아는 일본을 압박하기 위해 유럽에 있는 발트함대를 일본으로 파견하게 되는데, 신속한 이동을 위해서는 당연히 수에즈 운하를 통과해야 했다. 하지만 당시 수에즈 운하를 소유하고 있던 영국은 러시아와 사이가 좋지 않았고 일본과는 우호적인 관계였기 때문에 일본을 공격하기 위한 러시아 발트함대의 이동에 협조적일 리가 없었다. 영국은 운하의 얕은 수심과 좁은 폭을 이유로 발트함대의 대형 군함은 통행을 허가해 주지 않고 소형 군함만 통행하도록 했다. 이 때문에 러시아의 주력함대는 아프리카 남단의 희망봉을 돌아 7개월 만에 일본 쓰시마해협에 도착한다. 예상보다 긴 항해로 지칠 대로 지친 발트함대를 기다린 것은 일본 연합함대였다. 쓰시마해협에서 일본 연합함대는 러시아 발트함대를 상대로 격공을 퍼부었고 마침내 쓰시마 해전을 승리로 이끌어낸다. 이 해전 이후 러일전쟁은 일본의 승리로 종식되었고 러일 강화조약에서 러시아는 일본의 한국 식민지화를 인정함으로써 을사늑약을

파나마운하와 수에즈운하

통해 우리나라의 주권이 빼앗기는 계기가 된다.

역사에는 가정이 없다지만 러시아 발트함대의 주력군함이 수에즈 운하를 통과해 전투력 손실 없이 쓰시마해협에서 일본 함대와 싸웠다면 러일전쟁의 결과는 달라지지 않았을까? 러일 전쟁의 결과가 달라졌다면 우리나라의 역사도 전혀 다른 방향 으로 전개되지 않았을까?

수에즈 운하가 열리면서 우리나라와 유럽을 연결하는 항로 는 1만 킬로미터나 줄어들었다. 소요 시간은 물론이고 물류비 용도 대폭 절감되었다. 그런데 몇 년 전부터 수에즈 운하를 통 과하는 항로보다 7000킬로미터나 더 짧은 항로가 나타났다. 바 로 부산항을 출발해 러시아 인근의 북극해를 통과하는 북극 항로이다. 늘 얼음으로 덮여 있던 북극해가 지구온난화로 얼음이 녹으면서 선박 운항이 가능할 정도로 바닷길이 열렸기 때문이다. 전문가들은 지금의 빙하가 녹는 속도를 감안하면 북극 항로를 이용해 유럽으로 갈 수 있는 계절은 점점 늘어날 것이라고 한다. 물류 측면에서는 환영할 일이지만, 역설적으로 지구온난화가 만들어준 항로라는 사실에 반길 수만은 없을 듯하다.

흰 천과 바람만 있으면
어디든지 갈 수 있다

인류의 역사를 바꾼 곳에는 항상 배가 있었다. 아메리카 대륙을 발견한 콜럼버스의 산타마리아호, 절체절명의 위기에서 조선을 구한 이순신 장군의 거북선, 세계 최악의 해상 재난 사고로 기록된 영국의 타이타닉호 등은 세계사에 큰 획을 남긴 배이다.

바퀴를 이용한 육상 운송에 비해 배를 이용한 해상 운송은 비교적 수월했기 때문에 배의 역사는 도구를 사용할 줄 몰랐던 고대 인류까지 거슬러 올라간다. 수렵과 채집 생활을 하던 인류는 강을 건너기 위해 통나무를 이용했을 것이다. 그러다가 통나무를 여러 개 붙여 뗏목을 만들고 갈대와 같은 가벼운 재료로 배를 만들기 시작했다. 석기 시대에 접어들어 도구를 사용하면서 인류는 석기를 이용해 통나무를 깎거나 속을 파내어

오늘날의 배와 비슷한 모양의 배를 만들어냈다.

2004년 봄 경남 창녕군 비봉리의 작은 농촌 마을에서 세간의 이목을 집중시키는 일이 일어난다. 내륙지역 최초로 신석기 시대의 패총 유물이 대거 출토되었기 때문이다. 바닷가에서 30킬로미터 이상 떨어진 내륙에서 패총이 발견된 사실은 신석기 시대에는 그곳이 바닷가였다는 의미였으니 놀랄 만도 했을 것이다. 그런데 사람들을 정말 놀라게 한 것은 따로 있었다. 바로 신석기 시대에 사용하던 나무배가 발견된 것이다. 발견된 배는 소나무로 만들어졌는데 석기와 동물 뼈를 이용해 나무 가운데를 파낸 형태였다. 배가 만들어진 시기는 약 8000년 전으로 추정되었다. 배를 타고 고래를 사냥하는 그림이 바위에 새겨져 있는 울산광역시의 반구대암각화도 약 7000년 전에 만들어진 것으로 추정되는 것을 보면 우리나라에 살던 고대 인류는 아주 오래전부터 배를 만들어 고기잡이를 했음을 알 수 있다.

배를 만들고 물에 띄우는 것은 어렵지 않은데 문제는 배를 움직이는 동력을 구하는 일이었다. 사람들이 제일 먼저 찾은 동력은 인간이었다. 사람이 노를 저어 배를 움직이는 방식이다. 그런데 사람을 동력으로 사용하는 방식은 의외로 가성비가 떨어진다. 사람이 일을 하기 위해서는 일정량의 음식을 먹어야 하고 적당한 휴식과 수면도 필요하다. 또한 큰 배를 움직이기 위해서는 노를 젓는 노꾼이 많아야 하는데, 노꾼이 많이 타고 있다는 사실은 배에 화물을 많이 실을 수 없다는 것을 의미한다.

가성비 낮은 인력에 의존하던 사람들은 좀 더 효율적인 동력을 찾기 시작한다. 사람의 힘에 의존하는 대신 자연의 힘을 빌리기로 하면서 돛을 단 범선이 등장한다. 바람은 노꾼에 비해 배에 실리는 무게도 없고 아무것도 요구하지도 않는 공짜 동력이었다. 그런데 바람을 이용하는 범선도 치명적인 한계가 있었다. 자연현상인 바람에 의존하다 보니 역풍이 불거나 바람이 전혀 불지 않을 때는 원하는 곳으로 이동할 수 없었다. 이 때문에 돛을 단 범선도 노꾼을 둘 수밖에 없었다. 오랫동안 돛과 노를 같이 쓰는 배가 바다를 항해한다. 그러다가 인류는 사각형 돛과 삼각형 돛을 적절하게 조합하는 기술을 개발하면서 역풍이 불어도 배를 원하는 곳으로 이동시킬 수 있게 된다. 노꾼이 없어도 흰 천과 바람만 있으면 전 세계 어디든지 갈 수 있는 범선의 전성시대가 열린 셈이다.

범선은 바람만 있으면 어디든지 갈 수 있었지만 항해 속도는 여전히 아킬레스건이었다. 바람에만 의지해 대서양을 건넜던 콜럼버스의 산타마리아호 항해 속도가 시속 7킬로미터 내외였으니 사람이 빨리 걷는 정도의 속도로 항해한 셈이다. 사람들은 새로운 동력을 찾기 시작한다. 바람이 불지 않아도 노를 젓지 않아도 배를 움직일 수 있는 동력이 필요했다.

그렇게 새로운 동력에 대한 갈증을 느낀 사람들은 기차 바퀴를 돌리는 증기기관을 이용해 배를 움직일 생각을 한다. 배옆에 수차 모양의 바퀴를 붙이는데, 증기기관으로 바퀴를 돌리면 수차가 돌면서 물을 밀어내 배가 앞으로 나아가는 방식이다. 증기기관을 동력으로 하는 증기선 또는 기선이라고 부르는 배가 등장하게 된 것이다.

1800년 초에 만들어진 증기선은 기존 노 젓는 배와 범선에 비해 훨씬 많은 승객을 태우고도 항해 속도는 3배나 빨랐다. 그런데 이 획기적인 변화를 모든 사람이 환영한 것은 아니었다. 더 많은 승객을 더 빨리 실어 나를 수 있는 이 배를 못마땅하게 보는 사람들이 있었다. 바로 배 운항의 독점권을 가지고 있던 뱃사공들이었다. 노를 젓지 않고도 운항이 가능한 배의 등장은 뱃사공에게는 곧 실업을 의미했다. 일자리를 뺏긴 뱃사공들은 증기선을 부수는 사건으로 그들의 분노를 표출한다.[3]

증기선 도입을 반대하는 뱃사공의 반발에도 불구하고 증기선은 꾸준히 진화를 계속한다. 증기기관이라는 든든한 동력의 뒷배가 있었기 때문에 배의 크기는 점점 커졌고, 산업혁명으로 쇠를 만드는 제철 기술이 발달하면서 배를 만드는 재료는 자연스럽게 목재에서 철로 바뀐다. 이제 남아 있는 문제는 항해 속도였다. 배에 커다란 수차를 부착해 회전하는 방식은 속도를 높이는 데 한계가 있었기 때문이다. 이 문제를 해결한 것이 바로 나선형의 스크루 프로펠러였다. 1843년에 세계 최초로 스크루 프로펠러를 장착한 증기 동력선인 그레이트 브리튼호가 만들어지면서 배의 추진 속도는 획기적으로 빨라진다. 영국 리버풀에서 출발한 배는 단 14일 만에 대서양을 건너 뉴욕에 도착한다. 70일이나 걸렸던 콜럼버스의 범선에 비해 5배나 빨라진 셈이다.

인류 최초의 운송수단으로 등장한 배는 지금도 여전히 최고의 자리를 굳건히 지키고 있다. 전 세계 화물 운송량의 90퍼센트 이상을 담당하니 말이다. 그리고 그 배를 가장 많이 만드는 나라는 우리나라이다. 8000년 전 한반도에서 배를 만들었던 신석기인의 DNA가 충무공 이순신을 거쳐 지금까지 우리에게 전해 내려오는 셈이다.

4

깨끗한 식수,
그 오래된 고민

1492년 8월 3일 스페인 팔로스 항구를 출발한 콜럼버스는 71일 만에 중남미에 있는 바하마섬에 도착한다. 콜럼버스는 신대륙을 발견한 개척의 아이콘으로 평가받고 있지만, 정확하게 표현하면 아무도 몰랐던 신대륙을 발견한 것이 아니라 아무도 가지 않았던 신항로를 발견했다는 것이 더 적절할 듯하다. 아메리카 대륙에는 이미 그 땅에 살고 있던 원주민들이 있었고 원주민 입장에서 보면 콜럼버스는 단지 이방인에 불과했을 테니 말이다. 재미있는 사실은 콜럼버스는 죽을 때까지 자기가 도착한 곳이 신대륙이라는 사실을 몰랐다는 것이다.

당시 유럽인들은 아메리카 대륙의 존재를 몰랐기 때문에 유럽에서 대서양을 가로질러 가면 아시아의 인도에 도착할 것이라 생각했다. 그래서 콜럼버스는 자기가 도착한 중남미의 바하마 근처를 인도의 일부라고 생각해 서인도 제도라고 이름을 붙였고, 그곳에 살고 있던 원주민도 인도에 사는 사람이라는 의미로 인디언이라고 불렀다. 고추를 의미하는 영어 단어 chilli pepper도 콜럼버스가 아메리카 대륙을 인도로 착각한 데서 유래한다. 이 단어를 직역하면 '매운 후추'라는 뜻이다. 후추와 생김새가 전혀 다른 고추를 매운 후추라고 부르게 된 데는 인도에 도착하면 엄청난 양의 후추를 구할 것이라 기대했던 콜럼버스의 고뇌가 담겨 있다. 아메리카 대륙을 인도로 착각한 콜럼버스는 아메리카 대륙에서 후추를 찾아보지만 구하지 못하고, 대신 지천으로 널린 고추를 발견한다. 고추의 원산지가 남미이니 당연한 일이었을 것이다. 궁여지책으로 콜럼버스는 고추를 유럽으로 가져가 후추보다 나은 향신료라고 주장한다. 이름도 후추를 의미하는 pepper를 넣어 chilli pepper라고 소개하면서 고추의 영어 이름으로 굳어진다.

유럽에서 인도로 가기 위해서는 아프리카 남단의 희망봉 근처를 돌아서 가는 것이 일반적이었다. 당시의 지식과 항해 기술로 바다를 가로질러 가기에는 미지의 세계에 대한 두려움이 컸고, 긴 항해에 필요한 음식과 물을 육지에서 공급받을 수 없었기 때문이다. 음식을 장기간 신선하게 보존하는 방법이 없었던 당시로는 음식과 식수를 조달하는 것이 긴 항해의 관건이었다. 음식은 소금에 절이는 방법으로 부패를 방지할 수 있었지만 물은 오염을 방지할 마땅한 방법이 없었다. 그래서 생각한 방법이 물에 술을 타는 것이었다. 대항해 시대와 해적들을 주제로 한 영화를 보면 선원들이 늘 술에 찌들어 있는 것으로 표현되는데, 당시 선상의 여건을 감안하면 충분히 가능한 상황이었다.

콜럼버스 항해 이후 새로운 항로가 개척되고 항해 시간이 길어지면서 사람들은 식수를 공급할 새로운 방법을 찾기 시작한다. 그 방법은 바로 무한하게 있는 바닷물을 이용하는 것이었다. 바닷물을 끓이는 증류법으로 식수를 얻을 수 있다는 사실은 알았지만 기술적인 한계로 19세기 중반에 들어서야 식수를 얻기 위한 증류장치를 배에 싣고 다닌다. 물을 끓여서 식수를 만드는 증류법은 아주 오래된 방식이지만 엔진에서 나오는 열을 이용할 수 있기 때문에 지금도 많은 선박에서 사용한다.

증류법은 물을 끓여 수증기를 만들고 수증기를 다시 응축시켜 물을 만들기 때문에 장치의 부피가 크고 식수를 만들어내는 속도가 느리다는 단점이 있다. 이에 대한 대안으로 크기가 작으면서도 효율성이 높은 정수 방식이 나타난다. 바로 역삼투 방식의 정수기이다.

역삼투 현상은 삼투현상의 반대라는 의미인데 삼투현상을 이해하면 역삼투 현상도 이해가 쉬울 듯하다. 삼투현상은 생소한 단어지만 의외로 일상 속에서 우리가 자주 접하는 현상이다. 대표적인 예는 배추를 소금물에 넣어 절이는 과정이다. 배추를 소금물에 넣으면 빳빳하던 배추가 숨이 죽는데, 이것은 배춧속에 있던 물이 배추의 반투과성 막을 통해 바깥으로 빠져나오기 때문이다. 이때 물에 녹아 있는 소금은 일정 크기의 기공을 갖는 반투과성 막을 통과하지 못한다. 반투과성 막을 사이에 두고 양쪽에 맹물과 소금물을 두면 크기가 큰 소금 입자는 막을 통과하지 못하고 크기가 작은 물 분자만 막을 통과한다. 일정 시간이 지나면 맹물 쪽에 있던 물 분자가 소금물 쪽으로 이동해 소금물의 양이 늘어난다. 이 현상이 바로 삼투현상이다. 물 분자의 이동으로 소금물이 있는 쪽 수위가 높아져 맹물이 있는 쪽과는 압력 차이가 나타나는데 이 압력을 삼투압이라고 한다.

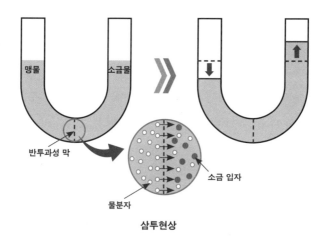

삼투현상

만일 소금물이 있는 쪽에 삼투압 이상으로 압력을 높여주면 물 분자는 어떻게 움직일까? 맹물 쪽에 있던 물 분자는 반투과성 막을 통해 소금물 쪽으로 이동하려고 하지만 소금물 쪽의 압력이 강하기 때문에 이동하지 못한다. 오히려 소금물 쪽에 있는 물 분자가 강한 압력 때문에 반투과성 막을 통해 맹물 쪽으로 이동하기 시작한다. 배추를 절이는 삼투현상의 반대인 역삼투 현상이 일어나는 셈이다. 압력을 유지한 상태로 일정 시간이 지나면 소금물 쪽에 있던 물 분자가 맹물 쪽으로 이동해 맹물의 양이 늘어난다. 이 역삼투 현상을 이용하면 바닷물에서 깨끗한 식수를 뽑아낼 수 있을 뿐만 아니라 물속에 있는 오염 물질을 걸러낼 수도 있다. 이것이 역삼투 방식의 정수기 원리이다.

역삼투 방식의 정수기는 머리카락 굵기의 100만분의 1 수준인 0.0001마이크로미터의 아주 작은 기공을 통해 물속에 존재하는 거의 모든 이물질을 걸러낼 수 있다. 모든 이물질을 걸러낼 수 있다는 것은 역삼투 방식의 장점이지만 동시에 단점이 되기도 한다. 물속에 있는 거의 모든 물질을 거르는 과정에서 우리 몸에 필요한 칼슘, 마그네슘과 같은 미네랄마저 제거되기 때문이다. 그뿐만 아니라 아주 작은 기공을 통해 물을 여과하기 때문에 여과되는 물의 양보다 훨씬 많은 양의 물이 버려지는 아쉬움도 있다.

역삼투 방식의 정수기가 탁월한 여과 능력으로 아주 깨끗한 물을 만들어주는 것은 사실이지만, 그 깨끗함이 지나쳐 우리가 물을 통해 챙겨야 할 건강마저 걸러낼 수 있다. "물이 너무 맑으면 고기가 없다"라는 속담처럼 깨끗함도 지나치면 흠이 된다.

5

12척의 배와
성난 바다

"신에게는 아직 12척의 배가 남아 있사옵니다." 명량해전을 앞두고 수군을 폐지하려는 선조에게 이순신 장군이 올렸던 장계에 담긴 글이다. 이 장계를 올린 후 이순신 장군은 12척의 배로 330여 척의 일본 배를 거의 전멸에 가깝게 격퇴한다. 이 기적 같은 승전이 가능했던 것은 죽기를 각오로 싸운 병사들과 바닷물 흐름을 이용한 이순신 장군의 뛰어난 지략이 있었기 때문이다. 명량鳴梁은 전라남도 해남과 진도 사이 울돌목이라는 곳의 한자 지명인데 바닷물이 울면서 도는 곳이라는 뜻이다. 지명만으로도 바닷물 흐름이 얼마나 빠른지 짐작할 수 있다.

명량해전을 승리로 이끌어준 바닷물 흐름은 바로 밀물과 썰물이다. 밀물은 해수면이 높아져 바닷물이 육지 쪽으로 밀려들어오는 것을 가리키고 썰물은 그 반대 현상을 말한다. 그렇다면 밀물과 썰물은 어떻게 생기는 것일까? 이 현상은 달, 태양, 그리고 지구가 서로 끌어당기는 인력 때문에 나타난다. 지구에 인력이 작용하면 액체인 바닷물은 이 힘을 받아 움직인다. 인력을 강하게 받는 곳은 바닷물이 모여 밀물이 되고, 인력을 약하게 받는 곳은 바닷물이 빠져 썰물이 된다.

지구에 미치는 태양의 인력은 달의 인력에 비해 165배나 크지만 밀물과 썰물에 대한 영향은 달이 태양보다 1.5배 정도 크다. 그것은 지구와의 거리 차이 때문이다. 태양은 지구와 멀리 떨어져 있기 때문에 지구상의 모든 곳에 비슷한 인력이 작용한다. 이에 비해 달은 지구와 가까워 달이 지구에 미치는 인력은 곳에 따라 차이가 크다. 이 인력의 차이가 밀물과 썰물을 만들고 태양과 달의 위치에 따라 그 세기도 달라진다. 태양과 달이 일직선상에 있을 때는 지구에 미치는 인력이 가장 커지기 때문에 밀물과 썰물의 세기도 커지는데 이때가 그믐과 보름이다. 한편 태양, 지구, 달이 직각으로 배치되는 반달일 때는 태양과 달의 인력이 한 지점에 집중되지 않기 때문에 밀물과 썰물의 차이도 작아진다. 밀물과 썰물의 차이가 가장 클 때를 사리라고 하고, 차이가 가장 작을 때를 조금이라고 한다.

바닷물의 움직임에 영향을 주는 요소는 인력 외에 한 가지가 더 있다. 바로 지구 자전에 의한 원심력이다. 지구 자전에 의한 원심력과 달과 태양의 인력이 적절하게 균형을 이루면서 밀물과 썰물이 생긴다.

지구 자전에 의한 원심력은 지구상의 모든 지점에서 일정하지만 달의 인력은 지구가 자전함에 따라 지점별로 달라진다. 달과 태양을 바라보는 쪽은 인력을 크게 받기 때문에 바닷물이 모여 밀물이 되지만, 지구가 자전하면서 달을 바라보는 위치가 바뀌면 밀물과 썰물이 나타나는 지점도 달라진다. 달과 태양이 위치를 바꿔가면서 생기는 밀물과 썰물의 변화를 살펴보면 이렇다.

지구의 어떤 지점이 달을 마주 보는 위치에 있으면 달 인력과 지구 원심력이 커 밀물이 되지만, 지구가 6시간 동안 자전해 90도 회전한 위치로 이동하면 달 인력과 지구 원심력이 약해져 썰물이 된다. 그다음 6시간을 더 자전해 180도 위치로 이동하면 이번엔 지구 원심력이 커져 밀물이 생긴다. 이렇게 지구에서는 6시간마다 밀물과 썰물이 반복된다. 정확히 말하면 밀물과 썰물이 반복되는 시간은 6시간보다 좀 더 긴 6시간 12분쯤 된다. 이 차이가 생기는 것은 지구가 자전하는 동안 달도 지구의 자전 방향으로 매일 13도씩 공전하기 때문이다. 달이 지구 주위를 매일 13도씩 공전한다는 것은 어제와 같은 시간이 되었을 때 달은 어제보다 13도만큼 더 동쪽으로 이동해 있다는 의미이다. 지구가 이를 따라잡기 위해서는 50분을 더 자전해야 하기 때문에 어제와 같은 위치의 달이 되기 위해서는 24시간이

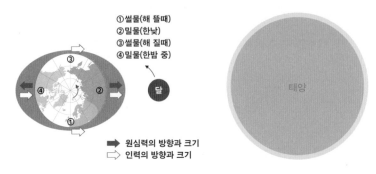

달

태양

➡ 원심력의 방향과 크기
⇨ 인력의 방향과 크기

지구와 달의 움직임에 의한 밀물과 썰물

아닌 24시간 50분이 걸리는 셈이다. 24시간 50분 동안 밀물과 썰물이 각각 두 번씩 일어나기에 밀물과 썰물이 반복되는 주기는 24시간 50분을 4로 나눈 6시간 12분이 된다.

밀물과 썰물은 지구 자전에 의한 원심력과 지구에 미치는 인력의 차이 때문에 나타난다. 이 원리에 따르면 원심력과 인력이 비슷하면 밀물과 썰물도 비슷하게 나타난다. 국토 면적이 넓지 않아 3면의 바다에 비슷한 원심력과 인력이 작용하는 우리나라는 유사한 수준의 밀물과 썰물이 나타날 것이라 추측할 수 있다. 하지만 실제로 우리나라 밀물과 썰물에 의한 수위 차는 서해안이 가장 크고 동해안이 가장 작다. 3면 바다에 미치는 원심력과 인력은 비슷한데 왜 이런 차이가 생기는 것일까? 3면의 바다가 가진 모양이 다르기 때문이다.

밀물과 썰물의 차이가 커지기 위해서는 바닷물이 밀려들어

오는 곳이 만처럼 좁은 공간이어야 한다. 만에서는 밀려드는 바닷물이 외부로 빠져나가지 못하고 좁은 공간에 갇히기 때문에 밀물과 썰물의 수위 차가 커진다. 이런 지형을 가진 곳이 바로 우리나라 서해안인데 밀물과 썰물에 의한 수위 차가 5~8미터나 된다. 서해에 비해 바닷물 흐름이 조금 열려 있는 남해안은 2~3미터, 바닷물 흐름이 완전히 열려 있고 수심도 깊은 동해안은 수위 차가 0.2~0.3미터밖에 되지 않는다.

밀물과 썰물의 수위 차가 큰 바다의 길목 역할을 하는 곳은 바닷물 흐름이 빨라질 수밖에 없다. 이순신 장군의 명량해전이 있었던 울돌목, 한산대첩이 있었던 견내량이 바로 그런 곳이다. 울돌목은 바닷물 흐름이 가장 빠를 때는 시속 20킬로미터나 된다고 하니 그날 명량에는 12척의 배와 성난 바다가 있었던 셈이다.

6

살수대첩은
정말 적을 수장했을까?

이순신의 한산도대첩, 을지문덕의 살수대첩, 그리고 강감찬의 귀주대첩을 한국사의 3대 대첩이라고 부른다. 대첩은 적과 싸워 크게 승리한 것을 말하는데, 우리 역사에 길이 남을 대승을 한 전투는 모두 물과 관련되어 있다. 이순신의 한산도 대첩은 물론이고, 을지문덕의 살수대첩과 강감찬의 귀주대첩도 물로 적을 물리친 수공水攻으로 알려져 있으니 말이다. 수공은 전쟁에서 물을 이용해 적을 공격하는 것을 말하는데 보를 이용해 물을 막았다가 적들이 강을 건널 때 보를 터뜨려 수장하는 방법이 일반적이다. 언뜻 보면 간단해 보이지만 막상 실행에 옮기기는 쉽지 않다.

먼저 물을 가두기 위해서는 보를 만들어야 하는데, 살수대첩이 있었던 고구려 시대의 토목 기술로는 충분한 양의 물을 가둘 보를 단기간에 축조하기가 쉽지 않았다. 단기간에 축조했다고 하더라도 적절한 타이밍에 물을 한꺼번에 흘려보내기 위해서는 보를 순식간에 무너뜨려야 하는데, 폭파기술이 없었던 당시에는 이 역시 쉽지 않았을 것이라는 분석이다.

많은 양의 물을 가두었다가 일시에 흘려보내는 토목 기술이 가능했다고 하더라도, 최종적으로 수공이 성공하기 위해서는 적들이 도와줘야(?) 한다. 옛날이나 지금이나 전쟁에서 강을 건너는 도하작전은 적의 공격에 직접 노출되는 위험 때문에 신속함이 매우 중요하다. 그런데 준비한 수공이 성공하기 위해서는 적들이 강 가운데에서 일정 시간 동안 머물러 있어야 한다. 마치 워터파크의 파도 풀장에서 파도를 기다리는 사람들처럼 강 가운데에서 물이 밀려오기를 기다리고 있어야만 물을 이용해 적을 수장하는 것이 가능해진다.

물로 적을 쓸어버리는 수공이 당시의 기술력으로는 불가능했음에도 우리는 살수대첩과 귀주대첩을 물을 이용한 수공으로 기억하고 있다. 아마도 두 대첩을 묘사한 민족기록화가 물을 이용해 적을 수장하는 것으로 표현하기 때문인 듯하다. 그런데 재미있는 사실은 이 두 전쟁을 언급한 우리나라와 중국의 사서에는 보를 무너뜨려 수공을 했다는 기록이 전혀 없다는 점이다. 오로지 우리나라 근대의 기록인 신채호의 〈조선상고사〉에만 두 대첩을 수공으로 기록하고 있다.

고구려 살수대첩 이후 1000년이 지나는 동안 단기간에 보를 쌓는 기술도, 순식간에 보를 무너뜨리는 기술도 가능해졌다. 물로 적을 물리치는 수공이 가능해졌다는 의미이다. 그리고 이 가능성은 현실이 된다. 1986년 우리나라 정부는 북한이 북한강 상류에 금강산댐(임남댐) 건설을 계획하고 있으며, 그 댐의 목적은 수공 작전을 통해 서울을 물바다로 만드는 것이라고 발표한다.

당시 정부는 금강산댐의 저수량이 최대 200억 톤에 이를 것으로 추정되며 이 댐이 붕괴된다면 12시간 만에 수도권이 완전히 수몰되어 63빌딩의 중턱까지 물이 차오를 수 있다는 일명 '서울 물바다' 시나리오를 제시한다. 시기적으로 88올림픽이라는 중요한 행사를 앞두고 있었고, 당시 대한민국의 가장 높은 건물인 63빌딩 절반 높이까지 물에 잠긴다는 정부 발표는 국민들을 불안하게 만들기에 충분했다.

북한에 대한 규탄 대회가 연일 계속되고 이에 대한 대응으로 평화의 댐 건설을 위한 전 국민 모금운동이 들불처럼 번졌다. 순식간에 700억여 원의 성금이 모였고, 여기에 국고 867억 원을 더한 1567억 원을 들여 1987년 2월 강원도 화천군에 평화의 댐을 착공했다. 공사는 일사천리로 진행되어 착공 2년 만인 1989년에 높이 80미터의 댐이 완공되었다.

댐이 준공되고 난 뒤 정권이 바뀌면서 전 정권에 대한 청산 작업이 시작되었고, 금강산댐도 대표적인 재평가 대상 사업이 되었다. 그 결과 금강산댐은 정국 불안 조성을 목적으로 추진되었으며 '서울 물바다' 시나리오는 과장되었다는 내용의 감사 결과가 발표되었다.

당시 금강산댐의 위협에 대한 정부 발표는 사실 전달보다는 국면 전환을 위한 불순한 정치적 목적이 우선되었기 때문에 비난받아 마땅하지만, 북한의 금강산댐 건설 계획과 그 댐이 우리에게 위협이 될 수 있다는 사실은 분명했다.

대국민 사기극이었다는 비판과는 달리 평화의 댐은 준공 이후에 댐으로써 홍수 조절 기능을 톡톡히 해냈다. 1996년, 1999년 여름철 폭우가 있었을 때에는 평화의 댐 저류를 통해 하류에 있는 화천댐의 범람을 막아냈다. 2002년에는 금강산댐에서 엄청난 양의 토사와 흙탕물이 쏟아져 들어와 평화의 댐이 범람 위기까지 겪었는데, 이 사건을 계기로 증축 공사를 시작해 2005년 10월에 지금의 높이 125미터 댐이 완성되었다.

군사정권 시절 북한의 수공 위협에 대응하기 위해 만들어졌던 댐은 정권이 바뀌면서 대국민 사기극으로 평가되었고, 다시 정권이 바뀌면서 홍수 조절 필요성이 제기되어 지금의 댐으로 증축되었다. 평화를 기원하는 의미에서 '평화의 댐'이라고 이름을 지었지만 만들어진 과정을 보면 참 우여곡절도 많았고 평화와는 거리가 있는 듯해 씁쓸한 마음을 지울 수 없다.

아전인수,
싸움을 불러오는 주문

아전인수我田引水는 내 논에 물대기라는 뜻을 가진 사자성어이다. 도랑으로 흘러가는 물을 내 논으로 끌어온다는 의미를 지니기 때문에 어떤 일을 자기에게만 유리하게 하는 경우 쓰는 말이다. 그런데 한자를 하나씩 풀어보면 이상한 점이 눈에 띈다. 내 논에 물대기라는 의미가 되기 위해서는 논을 의미하는 논 답畓이 쓰여야 하지만, 밭을 의미하는 밭 전田이 사용되었다.

우리나라를 비롯한 중국과 일본은 한자에 언어 기원을 두고 있지만 나라에 따라 일부 한자는 의미가 다르게 쓰이기도 했다. 또한 새로운 글자를 만들어 쓰기도 했다. 논밭을 의미하는 한자도 그 경우이다. 중국에서는 밭 전田이 밭을 의미하고, 논은 물 수水를 붙여 수전水田이라는 단어를 쓴다. 하지만 논농사가 위주였던 일본에서는 밭 전田이 논을 의미하고, 밭은 화전을 의미하는 화전 전畑이라는 한자를 쓴다. 우리나라의 경우 밭은 중국과 동일하게 밭 전田을 쓰지만, 논을 의미하는 한자는 중국의 水田 두 한자를 하나로 합쳐 논 답畓이라는 새로운 한자를 만들었다. 논 답畓이라는 한자는 중국과 일본에는 없고 우리나라에만 있다. 이렇게 '아전인수'에 사용된 한자와 의미를 찾아보면 이 사자성어는 일본에서 유래된 것임을 알 수 있다. 아전인수는 일본이 기원이지만 우리나라에서 자주 쓰이는 사자성어 중 하나이다. 내 논에 물을 댄다는 의미를 갖기 때문에 긍정적 상황보다는 부정적 상황에 주로 쓰인다.

사자성어 아전인수는 내 논에 물을 끌어온다는 의미이기 때문에 이기적인 모습으로 비치지만 우리 속담과 연결해 보면 더없이 좋은 의미가 되기도 한다. 우리나라 속담 중에 "세상에서 가장 보기 좋은 것이 내 논에 물 들어가는 것과 내 자식 입에 밥 들어가는 것이다"라는 표현이 있다. 우리 조상들은 내 논에 물을 끌어오는 아전인수와 자식 입에 밥 들어가는 모습을 최상의 보기 좋은 모습으로 표현했다. 도랑의 물을 내 논으로 끌어온다는 것은 논 주인으로서는 더없이 좋은 일이지만 주변 논 주인 입장에서는 자기 잇속만 챙기는 이기적인 모습으로 비칠수밖에 없었다. 따라서 아전인수는 이웃 간에 갈등을 불러오기에 충분했고 논에 물을 대는 시설인 물꼬를 두고 다퉜던 물꼬 싸움은 살인으로 이어지는 경우도 있었다. 윗논 주인과 아랫

논 주인, 그리고 윗마을 사람들과 아랫마을 사람들을 철천지원수로 만들었던 이 물꼬 싸움은 농지가 정리되고 관개시설이 잘 갖추어진 요즈음에는 많이 줄었다.

예전 들녘에서 있었던 물꼬 싸움은 시간이 흐르면서 등장인물과 배경을 달리해 국제 분쟁으로 바뀌었다. 바로 세계 곳곳에서 일어나고 있는 국가 간 물 분쟁이다. 이 물 분쟁은 복잡한 국제 정세가 담겨 있긴 하지만, 싸움의 원인을 따져 보면 옛날의 물꼬 싸움과 크게 다르지 않다.

국가 간 물 분쟁이 자주 일어나는 곳은 예상대로 물이 부족한 중동과 아프리카 지역이지만, 하나의 하천을 여러 나라가 공유하는 지역에서는 예외 없이 갈등이 존재한다. 세계에서 물 분쟁이 가장 심각한 곳은 물 부족에 정치적 대립까지 더해진 요르단강 유역이다. 죽음을 의미하는 표현으로 흔히 쓰이는 '요단강 건너다'의 그 요르단이다. 이 강을 두고 이스라엘을 비롯한 시리아, 요르단, 레바논 간의 팽팽한 대립은 결국 전쟁으로 이어져 1967년 6월 일명 '6일 전쟁'이라고도 불리는 3차 중동전쟁이 일어났다. 시리아가 요르단강 상류에 댐을 건설하려 한 것이 원인이었다. 댐의 하류에 있는 이스라엘 입장에서는 댐이 건설되면 안정적인 수자원 확보가 어려울 것이라는 판단으로 댐을 폭파한다. 이 전쟁에서 승리한 이스라엘은 갈릴리 호수로 흘러드는 물의 발원지인 골란고원을 강제로 점령한 후 지금

세계 주요 물 분쟁 지역

까지 시리아에게 돌려주지 않고 있다. 이스라엘의 식수원인 갈릴리 호수의 발원지를 적대국인 시리아에 맡길 수 없다는 이유 때문이다.

아프리카로 흘러가는 세계에서 가장 긴 강인 나일강도 긴장감으로 따지면 요르단강에 뒤지지 않는다. 이집트를 비롯해 나일강을 공유하는 에티오피아, 수단, 케냐 등의 사막 국가에 나일강의 존재는 절대적이다. 나일강 상류에 있는 아프리카 최대호수인 빅토리아 호수가 최근 수위가 급격히 줄어들고 수질이 나빠지면서 나일강을 둘러싼 갈등은 더욱 심해지고 있다. 그뿐만 아니라 나일강의 또 다른 상류에 있는 에티오피아는 2011년부터 대규모 댐을 건설하고 있다. 이 댐이 준공되면 아프리카에서 가장 크고 세계에서 일곱 번째로 큰 수력발전소가 된다. 하지만 댐이 물을 저장하기 시작하면 하류에 있는 수단, 이집트가 겪어야 할 물 부족은 불을 보듯 뻔하다. 이 때문에 이집트는 물 부족이 발생할 경우 군사 행동도 불사하겠다고 이미 선포한 상황이다.

오래전 동네에 가뭄이 들면 사람들은 물꼬를 두고 싸움을 했다. 그런데 서로가 자기 논에 먼저 물을 대겠다고 아우성인 이 물꼬 싸움을 해결하는 방법이 있었다. 바로 보에서 가장 멀리 떨어진 논부터 물을 대는 것이다. 모든 농부는 자기 논부터 물을 대고 싶지만 순서를 기다려야만 한다. 그것이 약속이고 배려인 셈이다. 모두가 힘든 상황에서 그 상황을 이겨내기 위해 필요한 것은 바로 약속을 지키려는 노력과 상대방을 배려하는 마음이 아닐까 싶다.

뭍에 오른
바다

산비탈 다랑이논에서 일을 마친 농부가 흐뭇한 마음으로 논을 세기 시작한다. 그런데 한 자락이 모자란다. 몇 번을 다시 세어도 여전히 하나가 부족하다. 결국 농부는 논 세는 것을 포기하고 집에 가려고 삿갓을 집어 들었는데 그 밑에 논 한 자락이 있었다는 우스갯소리가 있다. 이렇게 작은 논을 삿갓배미라고 하는데, 논을 세는 단위인 배미를 붙여 논이 삿갓만큼 작다는 의미로 쓰인다. 손바닥만 한 땅도 농지로 만들었던 조상들의 억척스럽고도 팍팍한 삶을 엿볼 수 있는 대목이다.

아찔한 산비탈에도 논을 붙일 정도로 땅 한 평이 간절했던 사람들의 눈길을 끄는 곳이 있었다. 바로 밀물과 썰물에 따라 바다도 되고 육지도 되는 갯벌이었다. 동서고금을 막론하고 갯벌은 땅이 아쉬운 인류에게 늘 유혹의 대상이었다. 갯벌을 메꿔 땅으로 만드는 간척 사업이 우리나라에서 시작된 역사는 고려 시대로 거슬러 올라간다. 그리고 간척 사업의 시작은 전쟁과 닿아 있다. 고려 시대 몽골과의 전쟁이 끝난 뒤 무신정권은 수도를 개경에서 강화도로 옮긴다. 기마병 중심의 몽골군을 방어하는 데는 육지보다 섬이 유리하다고 판단했기 때문이다.

그런데 수도를 강화도로 옮기면서 한 가지 큰 문제가 발생한다. 강화도에 인구가 늘어나면서 식량이 부족해진 것이다. 육지와 강화도 사이의 바닷물길이 험해 육지에서 배로 실어 나르는 식량으로는 한계가 있었기 때문이다. 이때 쌀을 생산할 땅으로 눈에 띈 것이 바로 강화도에 있는 갯벌이었다. 당시 갯벌을 메꿔 농지로 만드는 것은 대규모 토목공사 없이도 비교적 쉽게 농지를 얻는 방법이었다. 더욱이 이렇게 만든 논밭에서는 생산량이 2배에 이르렀다고 기록되어 있다.[4]

간척을 통해 농지를 만드는 일은 조선 시대에 들어서면서 강화도에 한정되지 않고 서해안과 남해안으로 확대된다. 부족한 농지를 확보하기 위해 시작했던 간척은 농지가 남아도는 지금도 계속된다. 물론 이제는 농지를 얻기 위한 목적에 한정되지 않는다. 새만금을 비롯해 영종도, 송도, 청라 등은 모두 예전에 바다였지만 간척 사업을 통해 육지로 바뀐 곳이다.

우리가 이민족 침입이라는 아픈 역사로 간척을 시작했던 것처럼 이민족 침입으로 뭍에서 내몰려 갯벌에 삶의 터전을 꾸린 사람들도 있다. 이렇게 절박한 사람들이 만든 도시가 이탈리아 베네치아이다. 우리가 몽골의 침입을 피해 강화도로 옮겨갔던 것처럼 이탈리아 사람들은 훈족을 피해 당시 갯벌과 습지였던 베네치아로 쫓겨 간다. 우리나라와 이탈리아의 간척 역사가 아픈 전쟁에 뿌리를 둔 셈이다.

그런데 베네치아로 쫓겨 간 사람들은 변변한 토목 기술도 없었던 1500년 전에 어떻게 지금과 같은 거대한 도시를 만들 수 있었을까? 당시 베네치아는 갯벌과 습지로 되어 있었기 때문에 건물을 짓는다는 것은 불가능했다. 고민 끝에 그들이 떠올린 방법은 물렁물렁한 갯벌에 나무 말뚝을 박아 기초를 다지고 그 위에 건물을 짓는 것이었다. 사람 힘으로는 말뚝을 깊게 박을 수 없었기 때문에 그들이 선택한 대안은 많이 박는 것이었다. 베네치아를 대표하는 건물인 산타 마리아 델라 살루테 성당을 짓는 데 110만 개 이상의 나무 말뚝이 사용되었다고 하니 건물 바닥이 나무 말뚝으로 채워졌다고 해도 과언이 아니다. 나무 말뚝으로 기초를 다지는 데만 2년 2개월이 걸렸다고 한다. 오늘날 베네치아는 고대 건축물을 배경으로 여유 있게 곤돌라를 즐기는 낭만적인 도시이지만, 그들의 역사 속에는 이민족 침입에 내몰렸던 처절한 아픔이 묻어 있다.

갈 곳 없는 절박함으로 베네치아를 만들었던 사람들은 그로부터 1500년이 지난 지금 다시 바다로 내몰릴 위기를 맞고 있다. 그들을 내쫓는 것은 더 이상 이민족이 아니라 1500년 전 이민족으로부터 그들을 보호해 주었던 바다이다. 베네치아는 갯벌 위에 만든 도시이기 때문에 시간이 지나면서 조금씩 가라앉고 있다. 최근에는 기후변화로 해수면 상승까지 더해지면서 베네치아의 해수면은 도시를 처음 건설했을 때보다 1.8미터나 높아졌다고 한다.

지반침하를 가속화했던 지하수 사용도 금지했지만 베네치아는 지금도 매년 1~4밀리미터씩 가라앉고 있다. 점점 심각해지는 침수를 막기 위해 8조 원이라는 천문학적인 예산을 들여 바닷물을 막기 위한 가동 둑도 만들었지만 근본적인 대책은 되지 않는 듯하다. 이민족 침입을 막아주는 자연의 해자 역할을 하고 먹거리와 삶의 터전을 내어주던 그 바다가 이제는 위협적인 존재로 변했다. 항상 내어주기만 하던 바다가 역습을 시작한 셈이다.

인디언들은 모르는
인디언 기우제

　두 차례에 걸친 왕자의 난을 통해 정적을 제거하고 권력을 잡았던 조선의 3대 왕 태종. 세종에게 왕위를 넘겨주고 상왕의 신분이 된 그는 오랜 가뭄으로 백성들의 삶이 도탄에 빠지고 역병마저 창궐한다는 말을 듣고 궁궐 후원에 단을 쌓고는 홀로 기우제를 지내기로 결심한다. 지병이 깊어 죽음이 얼마 남지 않았음을 직감한 태종은 감정이 복받쳐 그간 자신의 악업을 절규하듯 토해내며 비를 내려달라고 간절히 기도한다. 며칠간 밤낮으로 이어진 태종의 기우제는 절규를 넘어 광기에 가까워진다. 그렇게 기우제가 계속되던 어느 날 밤, 천둥이 치기 시작하면서 비가 쏟아진다. 태종은 그 빗속에서 자신의 아버지인 이성계를 그리며 "아버지, 아버…"라는 말을 마지막으로 숨을 거둔다.

종영한 지 20년도 넘게 지났지만 사극 최고의 명장면으로 기억되는 드라마 〈용의 눈물〉의 마지막 장면이다.

과거 농경 사회에서 비는 기상 현상 그 이상의 존재였다. 가뭄으로 흉년이 들면 백성의 생존이 위협받는 것은 물론이고 임금의 통치권마저 위태로워졌다. 임금은 하늘이 내리고 비는 하늘이 관장한다고 믿었기에 자연재해는 모두 통치권자가 부덕한 탓이라고 생각했다. 비를 기다리는 백성들 마음도 타들어 가지만 기우제를 지내는 통치권자도 절박하기는 마찬가지였다. 태종이 비가 올 때까지 며칠에 걸쳐 기우제를 지냈던 것처럼 다른 나라의 기우제도 상황은 비슷했을 것이라 추측할 수 있다.

기우제는 하늘이 감복하도록 정성을 다해 지내야 한다. 하늘을 감동시키기 위해서는 하늘에게 권한을 받은 임금이 기우제를 지내는 것이 당연한 일이지만 임금이 직접 제를 올렸다는 기록은 많지 않다. 왜 그럴까? 임금이 직접 지내는 기우제는 위험 부담이 있었기 때문이다. 만일 기우제를 지냈는데도 비가 오지 않으면 하늘로부터 버림받은 임금이라는 소문이 돌아 민심은 걷잡을 수 없이 흉흉해질 것이 뻔했다. 조선왕조실록의 기우제에 대한 기록을 보면 임금이 직접 기우제를 관장했다는 내용보다는 신하를 대신 보내 기우제를 지냈다는 것이 대부분이다.[5]

불가피하게 임금이 직접 기우제를 지내게 되면 반드시 비가 오도록 해야만 했다. 비가 올 만한 날을 잡아 기우제를 시작해야 했고, 일단 시작하면 비가 오기 전까지는 중단하기 어려웠다. 기우제를 그만둘 명분도 마땅치 않고 비가 오기 전에 기우제를 그만두면 하늘의 버림을 받은 임금이 되는 꼴이니 뒷감당이 만만치 않았을 것이다.

이렇게 한번 시작하면 비가 올 때까지 지내는 기우제를 인디언 기우제라고도 한다. 이런 어원 때문에 우리나라에서 인디언 기우제라는 표현은 무슨 일이든 꾸준히 노력하면 반드시 성공한다는 의미로 사용되기도 한다. 그런데 아이러니하게도 인디언의 고향인 미국에서는 인디언 기우제라는 단어를 찾을 수 없다. 아마도 지극 정성으로 기우제를 지냈던 인디언에 대한 이야기가 우리나라로 전해지는 과정에서 '지성이면 감천'이라는 우리 정서와 만나면서 생긴 표현이 아닐까 싶다.

물이 증발해 구름이 되고 구름이 비가 되는 기상 현상을 이해하는 오늘날 우리는 기우제를 믿지 않는다. 그런데 지금으로부터 2300년 전, 대부분의 사람이 비는 초자연적인 존재가 내려준다고 믿었던 그 시기에 기우제의 허구성을 비판한 중국 학자가 있었다. 바로 성악설로 유명한 순자이다. 그는 하늘과 인간은 별개의 존재이고 자연은 그저 자연의 법칙에 따라 움직일 뿐이기 때문에 인간이 하늘만 바라봐서는 안 된다고 주장했다.

하늘이 세상을 움직인다고 믿었던 시대에 세상이 돌아가는 이치를 분명하게 꿰뚫어본 그의 지혜에 놀라지 않을 수 없다.

하늘이 비를 관장한다고 믿었던 옛날 사람들은 하늘에 제를 지내면서 비가 오기를 기원했다. 하지만 오늘날 우리는 기우제를 지내는 대신 비행기를 타고 하늘로 올라가 구름에 화학물질을 뿌려 비가 오게 한다. 바로 인공강우이다. 인공강우가 우리에게 익숙해진 계기는 2008년 베이징 올림픽이었다. 베이징 기상당국은 올림픽 개막식 때 많은 양의 비가 올 것이라 예보한다. 비 때문에 개막식을 망칠 것을 우려한 중국 정부는 놀라운 조치를 취한다. 인공강우 기술을 이용해 비구름이 경기장 근처로 오기 전에 미리 비를 쏟아내도록 한 것이다. 이 덕분에 개막식은 성황리에 마무리 지을 수 있었다.

인공강우는 '구름씨앗'이라고 부르는 물질을 구름 속에 뿌려 수증기를 물방울로 응결시키는 기술을 말한다. 구름은 머리카락 굵기 4분의 1 정도의 아주 작은 수증기로 이루어져 있는데 2밀리미터 정도의 빗방울이 되려면 구름 입자 수백만 개가 모여야 한다. 구름씨앗을 뿌려주면 이 물질이 응결핵이 되어 구름 속에 있는 수증기를 쉽게 물방울로 만들어준다. 비를 조절하는 인공강우 기술 덕분에 가뭄에 대한 고민을 해결한 것 같지만 풀어야 할 숙제는 아직도 많다. 우선 인공강우로 비를 내리기 위해서는 비를 머금은 구름이 있어야 한다. 인간이 가

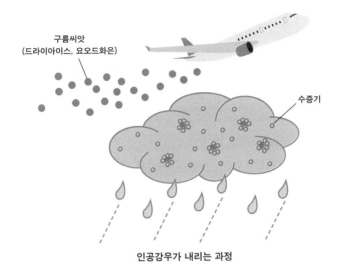

구름씨앗
(드라이아이스, 요오드화은)

수증기

인공강우가 내리는 과정

진 기술은 구름에서 비를 만드는 기술이지 구름을 만드는 마
법은 아니기 때문이다. 그뿐만 아니라 인공강우로 특정 지역에
비를 내리면 원래 비가 내릴 지역은 비가 오지 않기 때문에 지
역 간 또는 국가 간 분쟁의 원인이 되기도 한다.

수백억 톤의 물을 저장할 수 있는 저수시설을 갖춘 지금도
비가 내리지 않으면 전국은 가뭄으로 타들어 간다. 인류의 과
학기술 발달이 많은 문제를 해결한 것 같지만 우리는 여전히
자연에 많이 의존하며 살아간다.

인류의
오래된 식량 창고

　쿠바의 작은 어촌 마을에 살고 있는 늙은 어부 산티아고는 매일 배를 끌고 바다로 나가지만 번번이 허탕만 친다. 빈 배로 돌아오는 날이 무려 80여 일이 넘게 계속되자 마을 사람들은 그에게 어부의 운이 다했다고 놀린다. 하지만 산티아고는 사람들 비웃음에 아랑곳하지 않고 매일 바다로 나간다. 그러던 어느 날 평생 처음 보는 크기의 거대한 청새치를 낚는다. 3일 밤낮의 사투 끝에 청새치를 잡아 올리지만 크기가 너무 커 고기를 끌어올리지 못하고 배 옆에 매달고 집으로 향한다. 하지만 인생 최고의 고기를 잡은 기쁨도 잠시, 청새치를 원하는 것은 산티아고만이 아니었다. 청새치를 원하는 것은 청새치의 피 냄새를 맡은 상어도 마찬가지였다. 산티아고는 사력을 다해 상어 떼를 쫓아보지만 역부족이다. 결국 그가 지친 몸으로 항구에

도착했을 때 배 옆에 묶어둔 청새치는 뼈만 남는다.[6]

너무도 유명한 헤밍웨이의 소설 《노인과 바다》의 줄거리이다. 이 소설은 고난에 맞서 굴하지 않는 인간의 의지를 표현한 작품으로 평가받고 있다. 하지만 소설 속 산티아고에게는 고난을 이겨내는 강인함보다는 고기잡이로 생계를 이어가는 어부의 팍팍한 삶이 더 배어 있는 듯하다. 청새치와 3일간의 싸움에서 보여준 노인의 강한 의지는 결국 먹고사는 문제로 귀결된다. 상어의 공격을 받아 반쪽만 남은 청새치를 보고 "남은 거라도 팔 데가 있어야 할 텐데…", "녀석을 판 돈으로 뭘 살까?"라고 읊조리는 것을 보면 말이다.

오래전부터 물고기는 산티아고처럼 물가에 사는 사람들에게 중요한 생계 수단을 제공해 왔다. 그뿐만 아니라 인류가 살아가기 위해 꼭 필요한 단백질 공급원이기도 했다. 우리에게 단백질을 공급해 주는 육류와 생선은 사냥과 고기잡이를 통해 구했다. 그런데 돌도끼 수준의 사냥 도구로 육상 동물을 사냥하기란 쉽지 않았다. 인간은 자연스럽게 사냥보다 위험 부담이 덜한 고기잡이에 눈을 돌리게 된다. 물고기는 적당한 도구만 있으면 잡을 수 있었고 되레 공격을 당하는 일도 적었기 때문이다. 그래서 물고기는 고대 인류의 중요한 단백질 공급원이 되었고, 이 때문에 전문가들은 물고기가 없었다면 인류는 생존할 수 없었을 것이라고 말한다.

물고기를 공급해 주는 바다와 강은 과거나 지금이나 인류에게는 일종의 식량 창고와 같은 역할을 해왔다. 정착 생활을 시작한 고대 인류에게 물고기는 장점이 많았다. 적당한 도구만 있으면 잡을 수 있었고, 곡류와 달리 인간이 키우지 않아도 알아서 자랐다. 그런데 이렇게 매력적인 물고기를 식량으로 하기에는 결정적인 단점이 하나 있었다. 바로 보관이 어렵다는 점이었다. 물고기는 곡류와 달리 부패가 쉬워 3일 이상 신선한 상태로 저장할 수 없었다. 물고기 저장 방법을 고민하기 시작하던 인류는 햇빛, 바람, 그리고 연기를 이용하면 물고기를 썩지 않게 오래 저장할 수 있다는 사실을 발견한다. 건조와 훈제를 이용한 저장법이 등장하면서 저장 기간이 늘어났지만, 저장 기간을 획기적으로 늘린 방법은 따로 있었다. 바로 소금을 이용한 염장이다. 인류가 음식에 소금을 이용하면서 음식 문화에는 일대 혁신이 일어난다. 염장은 생선을 비롯한 식량의 저장 기간을 획기적으로 늘렸을 뿐만 아니라 음식의 맛도 좋게 했으니 말이다.

그런데 과거에 소금은 귀한 재료였고 소금을 구하기 쉽지 않은 내륙지방이나 일조량이 많지 않은 곳에서는 염장법으로 생선을 보관하기가 쉽지 않았다. 그래서 아주 독특한 생선 보관 방법이 나타난다. 바로 발효이다. 우리나라의 젓갈류, 홍어 등이 대표적인데 우리나라뿐만 아니라 스웨덴, 아이슬란드, 일본 등에서도 발효시킨 생선을 즐겨 먹는다. 물론 발효시킨 생선의 독특한 맛을 즐기기 위해 고약한 냄새는 감수해야 한다. 지금은 냉장 기술 발달로 생선을 더 이상 훈제하거나 염장할 필요가 없지만 사람들은 저장 과정이 생선의 풍미를 더해준다는 사실을 알기 때문에 지금도 여전히 이와 같은 방법들을 이용해 생선을 저장한다.

수십만 년 전부터 물고기를 즐겨 먹었던 우리들은 지금도 여전히 물고기를 먹고 있고, 저장과 운반 기술이 발달하면서 그 소비량은 점점 늘어나고 있다. 1960년 9킬로그램이었던 세계 1인당 수산물 소비량은 최근 들어 20킬로그램을 훌쩍 넘어 40여 년 만에 2.3배 늘었다.[7] 같은 기간 세계 인구도 2.5배가 늘어났으니 40년 동안 바다에서 잡아 올리는 수산물은 6배 가까이 증가한 셈이다. 물고기 한 마리를 잡기 위해 수십 번 작살질을 했던 인류는 이제 어군탐지기를 이용해 한 번의 그물질로 수십만 마리 고기를 잡는 수준으로 진화했다.

고기잡이 기술의 발달로 우리가 잡는 양은 점점 늘어나지만 바다와 강의 물고기는 점점 줄어들고 있다. 바다와 강은 수십만 년 동안 인류에게 든든한 식량 창고 역할을 해왔지만 최근 들어 그 창고의 재고에 빨간불이 들어오기 시작했다. 우리가 체감할 수 있는 대표적인 어족 자원 고갈 사례는 명태이다. 과거 우리나라 국민 생선이었던 명태는 1970년대 6만 2730톤의 어획량을 기록한 이후 1990년대 들어 급격하게 감소하기 시작한다. 급기야 2019년부터는 우리나라에서 명태잡이가 금지되는 지경에 이른다.[8] 그런데 문제는 우리나라 바다에서 사라지는 물고기가 명태로 끝나지 않는다는 점이다. 고기잡이 기술이 발달할수록 자취를 감추게 되는 고기의 종류는 점점 늘어날 것이다. 명태 뒤를 이어 자취를 감추게 될 생선은 무엇일까?

계절이 낳은
황금알

남산 아래 묵적골에 책 읽기만 즐기는 가난한 선비가 있었다. 쌀독에 쌀이 떨어져도, 겨울에 땔감이 없어도 살림 걱정은 아랑곳없이 종일 책만 읽는다. 당연히 집안 살림은 말이 아니다. 아내가 품을 팔거나 삯바느질을 해서 근근이 끼니를 연명하는 수준이었다. 그러던 어느 날 참다못한 아내가 과거도 보지 않으면서 책은 왜 읽느냐며 농사도 못 짓고 장사도 못 하면 도둑질이라도 해야 굶어 죽지 않겠느냐고 심하게 푸념을 늘어놓는다.

이 가난한 선비가 우리가 알고 있는 《허생전》의 주인공 허생이다. 아내의 구박에 허생은 책 읽기를 접고 한양의 변 부자를 찾아가 1만 냥이라는 거금을 빌린다. 그러고는 안성으로 내려가 그 돈으로 시장에 있는 과일을 몽땅 사들인다. 얼마 지나지 않아 시장에는 과일 품귀 현상이 빚어졌고 허생은 10배가 넘는 가격으로 되팔아 막대한 폭리를 취한다. 큰돈을 번 허생은 이렇게 말한다. "허어, 겨우 1만 냥으로 이 나라를 기울게 할 수 있다니 국가의 심천深淺을 알 만하구나!" 허생전이 돈벌이에 관심을 뒀다기보다는 매점매석을 경계하고 풍자하기 위한 것임을 알게 하는 대목이다. 허생이 사재기를 한 물품도 서민의 생필품과는 거리가 있는, 제사상에 필요한 과일과 갓을 만드는 재료인 말총이었다.

조선 후기의 열악한 유통 구조와 나라의 허술한 관리로 돈푼 꽤나 있는 사람들은 너도나도 매점매석에 뛰어들어 재미를 보고 있었다. 매점매석 대상이 된 물품도 과일을 비롯해 특산물, 곡물류 등 돈이 된다 싶은 물건은 모조리 투기꾼들의 표적이 되었다. 그중에는 흥미로운 품목도 있었는데 바로 얼음이다.

어떻게 얼음이 매점매석 품목이 되었을까? 조선 후기에 상공업이 발달하고 화폐 유통이 늘어나면서 어류와 육류의 냉장 보관을 위한 얼음 수요가 늘어난다. 얼음 찾는 곳이 늘어나자 이 수요를 충당하기 위해 개인이 운영하는 사설 빙고가 등장하기 시작한다.[9] 얼음 공급을 위한 빙계*氷契라는 조직도 등장하는데, 지금으로 말하면 얼음협동조합쯤 될 듯하다. 이들은 정부에 필요한 얼음을 무상으로 공급해 주는 조건으로 한강 얼음을 채취하는 독점권을 따낸다.

한양의 얼음 공급을 독점한 이들의 농간으로 얼음 가격은 천정부지로 뛴다. 얼음 장사가 돈이 된다는 소문이 돌면서 지체 높은 양반들도 이 사업에 나선다. 2012년에 개봉했던 우리나라 코믹 사극영화 〈바람과 함께 사라지다〉가 바로 얼음 장사를 모티브로 한 영화이다.

영화 내용은 대충 이렇다. 조선 후기에 얼음 독점권을 가지고 비리를 저지르는 좌의정 조명수를 상대로 몇몇 꾼들이 서빙고에 있는 얼음을 털어 바람과 함께 사라진다는 내용이다. 대부분 뭔가를 훔치는 영화에서 도둑들이 노리는 것은 거액의 돈이나 값비싼 보석이 대부분인데 이 영화에서는 얼음을 그 대상으로 했다. 영화가 흥행에는 성공하지 못했지만 소재 자체는 신선했다.

겨울에 얼음을 저장했다가 여름에 이용하는 방식은 우리나라뿐만 아니라 세계 여러 나라에서 수천 년의 오랜 역사를 가진 인류의 지혜이다. 이렇게 저장한 얼음은 여름에 큰 가치를 발휘했고 때로는 큰돈이 되기도 했다.

더울 때 얼음이 가치가 있다면 추운 지방에서 얼음을 채취해 더운 지방에 가져가 팔면 장사가 되지 않을까? 이런 엉뚱한 생각을 한 사람이 1800년대 초 미국에 나타났다. 이 사람은 프레데릭 튜더Frederic Tudor로 23살의 젊은 나이에 보스턴의 한 호수에서 80톤가량의 얼음을 채취해 배에 싣고 카리브해의 열대지방 섬으로 이동한다. 호기롭게 시작한 그의 첫 시도는 보기 좋게 실패로 끝난다. 현지에 얼음을 보관할 창고가 없었던 것도 문제였지만, 더 큰 문제는 얼음을 처음 본 열대지방 현지인들의 무관심이었다. 어쩌면 그들은 난생처음 얼음을 보고 '무엇에 쓰는 물건인고' 정도로 여겼을 것이다.

튜더가 이에 실망하고 사업을 접었으면 세상은 다른 방향으로 흘러갔을지 모른다. 하지만 튜더는 포기하지 않고 얼음 보관창고를 짓고 현지인들에게 얼음의 쓰임새를 알려준다. 그의 탁월한 영업 수완 덕분에 열대지방에서의 얼음 수요는 점점 늘어난다. 그의 사업 수완은 여기에 그치지 않는다. 얼음을 싣고 갔다가 돌아올 때는 열대 과일을 냉장 보관해 뉴욕으로 실어 나름으로써 막대한 수익을 거두어들였다.

1957년, 한강에서 얼음을 채취하는 모습, 출처: 국가기록원[10]

얼음 보급이 확대되면서 얼음을 직접 소비하는 수요 외에 채소와 생선을 장기간 냉장 보관하기 위한 냉매로도 인기를 더해간다. 튜더의 얼음 장사는 전 세계로 시장을 넓혀갔고 수요가 폭발적으로 늘어나면서 경쟁자들도 생겨났다. 유럽에서는 노르웨이가 얼음 장사에 뛰어들어 매년 수백만 톤의 얼음을 영국과 독일에 수출했다. 이렇게 성장을 거듭하던 얼음 장사는 19세기 후반을 정점으로 꺾이기 시작한다. 얼음 장사가 쇠퇴기로 접어든 것은 수요가 줄어들었기 때문이 아니라 냉장고가 발명되었기 때문이다.

냉장고가 보급된 초기에는 공장 얼음이 자연 얼음보다 비쌌기 때문에 강과 호수에서 얼음을 채취하는 일은 한동안 계속된다. 우리나라는 1950년대 후반까지 한강에서 얼음을 채취하곤 했다. 그 이후에는 냉장고의 보급이 확대되면서 한강에서 얼음을 채취하는 모습은 더 이상 볼 수 없게 되었다.

앞서 다루었던 것처럼 겨울이 따뜻해지면서 한강이 꽁꽁 어는 모습은 점점 구경하기 어려워지고 있다. 추운 겨울이 주던 정취마저도 점차 사라지는 듯해 아쉬움이 남는다.

역사를 바꾼
한 방울

"죄인은 사약을 받으라!"

임금을 향해 큰절을 올린 죄인은 두 손으로 약사발을 들어 사약을 마신다. 죄인은 한 사발을 다 마시기도 전에 피를 토하면서 쓰러지고 만다. 사극에서 빠지면 왠지 섭섭한 단골 장면이다.

사약이 비록 마시면 죽는 독약이기는 해도 임금이 내리는 약이었기 때문에 아무나 받을 수는 없었다. 어느 정도의 사회적 지위가 있어야만 가능했다. 사약은 사람을 죽게 하는 약이니 사약의 '사'는 당연히 죽을 사死일 것이라는 생각이 들지만 틀렸다. 임금이 하사하는 약이라는 의미로 줄 사賜를 쓴다. 이런 이유로 사약을 받는 죄인은 대부분 명망 있는 선비거나 궁궐 내 왕의 친인척으로 지체 높은 사람들이었다. 사약은 그들에게 임금이 내리는 마지막 배려인 셈이었다. 따라서 사약을 받은 사람은 왕의 처소를 향해 네 번 큰절을 올리고서 마시는 것이 관행이었다.

사약은 대체 무엇으로 만들었기에 한 사발을 채 마시기도 전에 피를 토하면서 죽는 것일까? 사약은 임금이 내리고 사람을 죽이는 약이었기 때문에 아무나 조제할 수 없었다. 궁중 의약을 만드는 내의원에서 철저한 보안 속에 제조하고 관리했기 때문에 아쉽게도 사약에 관한 '레시피'는 남아 있지 않다. 관련 기록이나 문헌이 없기 때문에 사약 성분을 정확하게 알 수는 없고 독성이 강한 비상, 부자, 천남성과 같은 재료를 섞어서 제조했을 것으로 추측할 뿐이다.

사람을 죽이는 사약은 정치적 반대 세력의 손에 들어가면 임금 목숨이 위태로워질 수 있었기 때문에 조제법을 극비에 부치는 것은 어쩌면 당연했다. 조선 시대 독살설이 떠도는 임금과 세자는 우리에게 익숙한 문종, 단종, 연산군 등을 비롯해 10여 명이 훌쩍 넘는다. 사정이 이렇다 보니 임금을 비롯한 왕족은 늘 독살을 두려워했고 음식에 독이 들어 있는지를 알아보기 위해 수라상 옆에는 항상 음식을 미리 먹어보는 기미상궁을 두었다.

정확한 조제법도 없고 의학 지식도 변변치 않다 보니 약발이 '죽여주는' 사약을 만들기는 쉽지 않았다. 더군다나 사약을 받을 죄인이 먼 귀양지에 있는 경우 여러 날을 운반해 가는 동안 사약이 상해 약효가 떨어지는 경우도 많았다. 상황이 이렇다 보니 신통치 않은 약효 때문에 죄인이 사약을 마시고도 죽지 않는 웃지 못할 경우도 있었다. 사약을 조제한 내의원에서도 이런 상황을 대비해 사약을 만들어 보낼 때는 '리필'이 가능하도록 여유 있게 챙겨 보냈다. 우리에게 익숙한 송시열과 조광조가 받은 사약도 약발이 시원찮은 사약이었는지 여러 사발을 마시고 나서야 숨을 거두었다고 한다.[11] 을사사화에 연루되어 사약을 받은 임형수라는 사람은 무려 열 여섯 잔의 사약을 마시고도 죽지 않아 결국 스스로 목을 매어 죽었다고 전해진다. 조선왕조실록에 실린 그의 기록을 보면 사약을 마시는 도중 사약을 전하러 온 의금부 서리를 보고 "그대도 한 잔 마시겠는가?"라는 농담을 건네는 여유까지 부렸다고 한다.[12] 사극에서 단골처럼 등장하는, 사약 사발을 마시다 말고 피를 토하며 쓰러지는 것은 드라마의 극적 효과를 위한 설정이라고 할 수 있다.

동서고금을 막론하고 독살이 인기가 높았던 것은 다른 방법에 비해 은밀하게 죽일 수 있었고, 사망 원인을 명확하게 밝혀낼 수 없었기 때문이다. 당시에는 법의학이 발달하지 않아 타살이 의심되어도 독을 검출할 방법이 없었기 때문에 독살은 의혹만 가질 뿐 명확한 증거가 없어 비교적 안전한 살해 방법으로 통했다. 이렇다 보니 동서양을 막론하고 왕과 귀족, 유명 인

사들의 석연치 않은 죽음 뒤에는 항상 독살 의혹이 제기되었다. 서양에서도 독살 의혹이 제기되는 사람은 수없이 많다. 유럽의 왕족뿐만 아니라 우리에게 익숙한 나폴레옹과 모차르트도 독살설이 제기되는 인물들이다.[13] 하지만 증거를 찾아내기 쉽지 않은 독살의 특성 탓에 추정만 할 뿐 명확하게 독살로 밝혀진 사례는 많지 않다. 이렇듯 대부분의 독살이 은밀하게 이뤄졌던 것에 비해 조선 시대 사약은 중앙정부에 의해 공공연하게 행해졌으니 다른 나라에서는 유례를 찾기 어려운 독특한 사례라고 할 수 있다.

죄인을 죽이는 방법이라면 목을 베는 참수형이나 목을 매다는 교수형이 간단했을 텐데 왜 우리 조상들은 약발도 변변치 않은 약을 만들어 마시게 하는 번거로운 방법을 택했을까? 이유는 조선 시대 통치 이념의 근간이었던 유교 사상에서 찾을 수 있다. 당시 중죄를 지은 죄인에게 극형의 처벌법은 교수형과 참수형이 일반적이었는데 이 처벌법은 신체를 온전히 보존할 수 없었다. 부모로부터 물려받은 몸은 머리카락도 함부로 해서는 안 된다는 인식이 강했던 당시에 신체를 훼손한다는 것은 사람답게 죽지 못한 것이나 다름없었다. 이에 비해 사약은 신체를 훼손하지 않고 깨끗하게 죽는 방법이었던 셈이다. 그뿐만 아니라 당시 교수형과 참수형은 공개된 장소에서 이뤄졌기 때문에 본인과 가문에는 씻을 수 없는 치욕을 남기게 된다. 이에 비해 사약에 의한 사형은 사약을 들고 온 몇 사람만 보기 때문에 공개적인 불명예는 피할 수 있었다. 명예와 명분을 목숨보다 귀하게 여겼던 당시 선비들로서는 이승에서의 마지막 순간까지 치욕을 남기고 싶지는 않았던 셈이다. 이런 입장을 고려해 임금이 사약을 내리는 것은 죄인에 대한 일종의 배려이자 특권층만 누린 특혜였다고 할 수 있다.

그런데 독성이 강한 물질도 적당히만 쓰면 약이 되는 경우도 있다. 우리가 일반적으로 독으로 알고 있는 물질도 우리 몸에 미량으로 꼭 필요한 물질이고, 우리가 약으로 알고 있는 물질도 과량 복용하면 독이 되는 경우가 많다. 독으로 개발하려다 실패해 약이 된 얄궂은 물질도 있다. 바로 주름 개선에 효과적인 보톡스이다. 보톡스의 당초 개발 목적은 미용 용도가 아니라 전쟁의 생화학 무기였다. 상한 육류에서 나타나는 보톡스 균은 일반 식중독에 비해 증세가 심하고 치사율이 높았다. 2차 세계대전 중 미국은 이 보톡스 균을 잘 이용하면 생화학 무기로 사용할 수 있겠다는 판단에 활발한 연구를 진행한다. 하지만 보톡스 균은 당초 기대와 달리 쉽게 독성을 잃어버리고 치사율이 일정하지 않아 생화학 무기로는 사용되지 못한다. 그런데 이에 관한 연구를 진행하는 과정에서 의외의 사실을 발견한다. 오늘날 보톡스 용도인 근육을 이완시키는 효과를 발견한 것이다. 이를 계기로 생화학 무기로 시작한 보톡스는 의약품으로 화려하게 변신한다.

역사의 한 페이지를 장식했던 많은 사람이 때로는 응당한 처분으로 때로는 억울한 누명을 쓰고 사약과 함께 역사 속으로 사라졌다. '죄인에게 사약을 내려라' 하던 공공연한 사약賜藥은 사라졌지만 미움이나 돈 때문에 누군가를 독살하려는 사약死藥은 지금도 여전히 우리 곁에 남아 있다.

13

우물가는 과연
낭만의 장소였을까?

조선 시대 화가 김홍도의 풍속화첩 중에 〈우물가〉라는 그림이 있다. 워낙 유명한 그림이기 때문에 그림을 설명하면 어떤 그림인지 금방 떠올릴 수 있을 듯하다. 그림의 배경은 우물가이고 한량으로 보이는 한 사내가 갓을 벗고 앞섶을 풀어헤친 채 여인에게서 물을 얻어 마시고 있다. 물을 얻어 마시는 사내의 음흉한 눈빛은 여인들을 향한다. 사내 표정으로 봐서는 정말 목이 말라 우물가에 온 것인지, 아니면 '작업'을 걸러 온 것인지 의심하지 않을 수 없다. 사내의 이런 민망한 행동에 젊은 두 여인은 두레박으로 물을 떠주면서도 눈길을 돌려 애써 외면한다. 사내 뒤에서 이 모습을 못마땅하다는 듯이 눈을 흘기고 있는 나이 든 여인의 모습이 대비를 이뤄 그림을 보는 재미를 더한다.

김홍도, 우물가, 1745년

　우물가는 주로 여자들의 공간이었다. 남자가 우물가를 찾는 경우는 흔치 않았기 때문에 물 한 바가지를 주고받은 인연으로 사랑이 싹텄다. 때로는 그 사랑이 역사의 한 장면으로 기록되기도 했다.

　고려 태조 왕건과 장화왕후 오씨, 조선 태조 이성계와 신덕왕후 강씨는 모두 우물가에서 물 한 바가지의 인연으로 맺어진 사랑이다. 두 '커플'이 우물가에서 만난 일화는 등장인물만 다른 뿐 전개되는 시나리오는 똑같다. 왕건과 이성계는 목이 말라 우물가에 들러 여인에게 물 한 바가지를 달라고 청한다. 두 여인은 물이 담긴 바가지에 나뭇잎을 띄워서 건네는데, 나뭇잎을 왜 띄웠냐고 묻는 말에 대한 두 여인의 대답도 똑같다. "물을 급히 마시면 체하실까 싶어 나뭇잎을 불어가며 천천히 드시라고 띄운 것입니다."

김홍도의 그림이나 왕건과 이성계의 일화로 보면 우물가는 감성 넘치는 로맨틱한 장소로 비친다. 그림뿐만 아니라 가요의 노래 가사에도 우물가는 달콤한 사랑이 싹트는 장소로 묘사되곤 한다. 하지만 이것은 화가와 작사자가 남자이기 때문에 지극히 남성 중심의 시각으로 우물가를 바라봤기 때문이다. 남자의 입장에서 보면 우물가는 목마른 갈증도 달래고 남녀가 유별했던 시기에 여인에게 '작업'을 걸 수 있는 기가 막힌 장소로 생각할 수 있다. 하지만 팍팍한 일상의 많은 부분을 우물가에 의지해야 했던 여자의 입장에서 보면 우물가는 물을 긷고 빨래하고 설거지하는 고단한 삶이 찌득찌득 눌어붙은 곳이다.

물 긷는 일이 얼마나 고된 일이었는지 김홍도의 〈우물가〉 그림으로 살펴보자. 그림의 아낙들이 머리에 이고 있는 물동이의 크기와 무게는 얼마나 될까? 대충 눈대중으로 어림잡아 보아도 만만한 크기는 아니다. 당시 옹기로 만든 물동이 크기는 보통 한 말가량이었는데 오늘날 기준으로 보면 18리터 정도였다. 18리터의 물 무게 18킬로그램과 옹기로 된 물동이 무게를 합치면 전체 무게는 20킬로그램을 훌쩍 넘었을 것이다. 사무실이나 공공장소에서 많이 볼 수 있는 생수통 무게가 20킬로그램 정도이니 그보다 더 무거웠던 셈이다. 사무실에서 어쩌다 한 번 생수통 갈아 끼우는 것도 서로 눈치를 보는 상황임을 고려하면 옛날 우리 어머니와 누이들이 머리에 이고 다녔던 물동이는 고달픈 삶의 무게만큼이나 버거웠을 듯하다.

어렵사리 물 한 동이를 길어 와도 20리터가 채 안 되는 물은 대가족이 쓰기에는 턱없이 부족하다. 결국 물동이를 이고 우물을 왕복하는 횟수가 늘어나게 된다. 사람이 살아가기 위해서는 하루에 최소 20리터 이상의 물이 필요한데, 우물을 사용하던 시대의 평균 가족 수를 일곱 명이라고 가정하면 한 집에서 매일 필요한 물은 140리터나 된다. 물 일곱 동이는 족히 필요하고 이 물을 길어오는 역할은 오롯이 여자들 몫이었다. 우물가를 로맨틱한 장소로 볼 수 없는 이유이다.

동서양을 막론하고 물을 긷는 일은 허드렛일로 여겨졌고 늘 여자 몫이었다. 청소하고, 빨래하고, 아이들 씻기고, 음식 준비하는 여자의 집안일은 대부분 많은 물을 필요로 하다. 허드렛일 정도로 생각한 물 긷는 일에 투입되는 노동력도 늘어날 수밖에 없다.

우물가에 배어 있던 어머니와 누이들의 한숨과 눈물은 1970년대 들어 상수도가 보급되면서 많이 줄어들었다. 최근 통계에 따르면 우리나라의 상수도 보급률은 99.4퍼센트이다.[14]

일부 지역을 제외하고 거의 모든 가정에 수돗물이 공급된다는 의미이다.

여인들이 겪었던 우물가의 고단함이 우리나라에서는 먼 옛날이야기가 되었지만, 다른 나라로 눈을 돌려보면 상황은 여전히 진행형이다. 케냐, 소말리아와 같이 물 사정이 넉넉하지 못한 나라가 겪는 현실은 과거 우리가 겪었던 상황보다 더 혹독하다. 물을 구하기 위해 훨씬 먼 거리를 헤매지만 깨끗한 물은 기대할 수 없다. 먼 길을 걷고 긴 기다림 끝에 물을 길어 온다는 것은 노동 강도뿐만 아니라 노동 시간이 길다는 것을 의미한다. 하루에 많은 시간을 물 긷는 일에 써야 하기 때문에 학교를 갈 수 있는 여건이 되지 못한다. 교육 기회가 적어지면 취업이 어려워지고 재정적인 안정을 찾기가 어려워지기 때문에 빈곤이 심화되는 악순환이 이어진다.

이들에게 나쁜 소식이 한 가지 더 있다. 기상이변으로 가뭄이 심해지면서 물을 구하기 위해 걸어야 하는 거리가 점점 늘어난다는 점이다. 앞에서 말했듯이 물이 부족해지면 물을 둘러싼 인근 부족 간의 갈등도 심해진다. 일촉즉발의 부족 간 갈등은 상대의 가장 약한 곳을 공격한다. 그 대상은 바로 물을 찾아 헤매는 이웃 부족의 여자이다. 물을 구하러 먼 길을 오가는 과정에서 성폭행을 비롯한 여러 가지 위험에 노출되는 이유이다.

기후변화의 원인은 화석연료 과다 사용으로 대기 중의 이산화탄소가 늘어나기 때문이다. 하지만 당장 땔감조차 부족한 그들에게 화석연료 과다 사용으로 기상이변이 잦아지고 그로 인해 물을 구하기가 점점 어려워질 것이라는 설명은 별나라 이야기처럼 들릴지도 모른다. 하지만 이해하지 못할 기후변화로 그들이 감내해야 할 현실은 너무나 가혹하다.

14

염소 방광에서
페트병까지

　오래전 〈부시맨〉이라는 영화가 있었다. 영화는 아프리카 상공을 비행하던 경비행기 조종사가 아무 생각 없이 빈 콜라병을 비행기 밖으로 내던지면서 시작된다. 콜라병은 부시맨들이 살고 있는 원시 부족 마을에 떨어지는데 콜라병을 난생처음 본 그들은 그 물건을 하늘에서 떨어진 신의 물건이라고 생각한다. 처음 보는 신기한 콜라병을 다양한 용도로 사용하면서 콜라병의 인기는 점점 높아진다. 인기를 넘어 콜라병을 서로 차지하려고 다투는 바람에 평화롭던 부족에는 싸움이 끊이질 않는다.

　대책을 고민하던 부시맨들은 마을의 평화를 깨트리는 콜라병을 원래 주인에게 돌려주기로 한다. 바로 세상의 북쪽 끝에 살고 있는 신에게 돌려주기로 한 것이다. 세상 끝으로 콜라병을 가져가는 역할은 콜라병을 처음 발견한 주인공 자이가 맡기로 한다. 자이는 우여곡절의 긴 여정 끝에 빅토리아 폭포에 도착해 '신의 물건'인 콜라병을 절벽 아래로 던진다. 이 장면을 돌이켜보면 영화 〈반지의 제왕〉에서 프로도가 '절대반지'를 없애기 위해 '운명의 산'을 찾아가는 여정이 연상되기도 한다.

영화의 재미를 위해 구성된 허구의 플롯이지만 겨우 의식주를 해결하는 수준의 원시 부족에게 투명하고 단단한 콜라병은 분명 신기한 물건이었을 것이다. 그것도 하늘에서 떨어졌으니 신의 물건이라 여기는 것이 어찌 보면 당연한 일일지도 모른다. 부시맨들은 열매를 깨뜨리거나 곡식을 빻는 등 다양한 용도로 콜라병을 사용하지만 물을 담는 용도로는 사용하지 않는다. 아마도 부시맨들은 콜라병에 물을 담을 필요성은 느끼지 못한 듯하다.

물은 사람이 살아가는 데 꼭 필요하지만 가지고 다니기에는 참 불편한 물질이다. 들고 다니기 무겁고 새지 않게 보관하기가 쉽지 않기 때문이다. 지금은 다양한 소재의 물통이 있어 가볍고 새지 않는 것은 물론이고 보온 기능까지 갖추고 있지만 물을 담을 변변한 용기가 없었던 고대 인류는 물을 저장하거나 운반하는 과정에서 많은 불편을 겪었을 것이다. 고대 인류가 물가에 터를 잡게 된 것도 이 때문이라고 할 수 있다.

삶의 터전과 사냥감을 찾아다니다 보면 물을 구하기 어려운 사막이나 산을 지나는 경우도 생겨 물통이 필요해지기 시작한다. 초기의 물통은 박과 같이 껍질이 단단한 열매의 속을 파내어 물을 담거나 동물의 방광과 가죽을 이용했다. 남아프리카에서는 타조알에 구멍을 뚫어 물통으로 쓰기도 했다.

인류가 뭔가를 담을 수 있는 그릇을 만들기 시작한 시기는 기원전 8000년 전쯤 신석기 시대로 거슬러 올라간다. 신석기 이전의 수십만 년 동안 이동 생활을 하던 구석기인들은 그릇이 필요하지 않았다. 그릇은 이동할 때 들고 다니기도 불편하고 그릇에 보관할 만큼의 잉여 식량도 없었기 때문이다. 신석기 시대로 접어들어 정착 생활을 하고 농사를 짓기 시작하면서 신석기인들은 식량을 보관하는 방법을 찾는다. 당연하게 식량을 보관할 그릇도 필요해진다. 처음에는 동물 가죽과 나무껍질을 이용해 그릇을 만들었지만 시간이 지나면서 좀 더 단단한 그릇을 만들 수 있는 재료를 발견한다. 바로 주변에서 쉽게 구할 수 있는 흙이었다. 신석기인들의 그릇에 대한 그런 기대를 안고 만들어진 것이 빗살무늬토기이다.

빗살무늬토기를 비롯한 초기의 토기는 흙으로 빚은 다음 야외에서 모닥불로 굽는 노천소성露天燒成 방법으로 만들었기 때문에 고온 가마에서 굽는 도자기에 비해 내구성과 방수성이 형편없었다. 물을 담아 보관하기 어려운 수준이었다. 물을 담을 수 있는 방수성을 가진 그릇은 가마를 이용해 고온에서 도자기를 만들기 시작하면서부터 가능해진다. 하지만 방수성을 가진 그릇은 귀했기 때문에 물보다 더 값비싼 것을 담는 데 쓰였다. 바로 술과 차가 그 주인공이다. 고대 유럽의 암포라, 고려청자, 이조백자 등은 모두 술이나 차를 담기 위한 용도로 쓰였다. 우리가 물을 담을 때 쓰는 주전자酒煎子도 술 주酒와 달일 전煎을 쓴 것을 보면 술을 따르거나 차를 우리는 용도로 사용했음을 알 수 있다.

물이 새지 않는 도자기가 만들어졌지만 무겁고 깨지기 쉬워 먼 길을 떠날 때 물통으로 사용하기에는 한계가 있었다. 호리병박이나 동물 방광에 가죽을 덧댄 물통이 여전히 인기를 끌었던 이유이다.

동물 방광에서 시작한 물통은 시대를 거듭하면서 재료도 금속, 유리, 플라스틱 등으로 다양해진다. 특히 플라스틱의 발명은 기존 물병이 가진 한계를 한꺼번에 해결했다. 플라스틱은 가볍고 저렴하고 오래 쓸 수 있고 물이 새지도 않는다. 물을 담는 그릇이 가져야 할 기능을 완벽하게 갖춘 셈이다. 플라스틱이 가진 이 완벽함 때문에 플라스틱에 대한 사람들의 사랑은 상상을 초월한다. 우리나라를 예로 들면 사람들은 매년 33억 개가 넘는 플라스틱 컵을 사용하고, 59억 개의 페트병을 사용한다. 국민 한 사람이 매년 플라스틱 컵 65개, 페트병 96개를 사용하는 셈이다. 우리는 이렇게 엄청난 양의 플라스틱을 사용하지만 사용하고 나면 모두 버린다. 플라스틱은 매번 쓰고 버려도 부담이 되지 않을 만큼 저렴하기 때문이다. 플라스틱이 가진 저렴하다는 장점은 사용 후 쓰레기로 전락되는 단점이 되었고, 오래 쓸 수 있다는 강점은 쉽게 분해되지 않는다는 약점이 되었다. 우리가 지금 심각한 플라스틱 오염을 겪고 있는 이유이다.

영화 〈부시맨〉에서는 비행기 조종사가 무심코 버린 콜라병이 평화롭던 부시맨 부족을 혼란에 빠뜨렸다. 최근 플라스틱으로 인한 환경오염 뉴스를 보면서 문득 이런 생각이 들었다. 우리가 무심코 버린 플라스틱이 자연에게는 '부시맨의 콜라병'이 될 수도 있겠다는 생각 말이다. 영화는 주인공 자이가 우여곡절의 긴 여정 끝에 콜라병을 절벽 아래로 던진 후 마을로 돌아오면서 끝이 난다. 과연 우리는 플라스틱을 없애는 우여곡절의 긴 여정을 시작할 수 있을까?

15

연못,
하늘과 연결되는 통로

우리나라 대표적인 전래동화를 꼽으라고 하면 《선녀와 나무꾼》, 《금도끼 은도끼》가 빠지지 않을 듯하다. 이 동화는 모두 연못을 배경으로 하고 있다. 우리나라 전래동화 중에는 숲속, 연못을 공간적 배경으로 하는 것이 많다. 동화 속에서 연못은 신비한 존재이다. 하늘 나라 선녀가 내려와 목욕을 하기도 하고, 산신령이 살기도 하니 말이다. 그뿐만 아니라 용으로 승천하기만을 손꼽아 기다리는 이무기도 연못 속에 살고 있다. 이처럼 연못은 신성한 존재를 넘어 하늘과 통하는 성스러운 연결통로로 여겨졌다. 우리가 가지고 있는 연못에 대한 신성한 생각은 농경 사회에 뿌리를 둔다고 볼 수 있다. 인류가 농경 생활을 시작하면서 물은 풍요를 결정짓는 차원을 넘어 생명의 근원이자 신성한 존재로 인정된 셈이다.

동화뿐만 아니라 연못과 관련된 전설과 민담은 우리나라 전국에서 다양한 형태로 전해진다. 동네마다 구전으로 전해지는 전설과 민담은 자연스럽게 동네 지명으로 이어졌다. 이런 이유로 우리나라 지명에는 연못과 관련된 동물이 자주 등장한다. 그 동물은 바로 용이다. 우리와 친숙한 소나 호랑이가 우리나라 지명에 자주 등장할 것 같지만 가장 많이 등장하는 동물은 흥미롭게도 상상 속 동물인 용이다. 용과 관련된 지명은 2위와 3위를 이은 말과 소에 비해 2배 가까이 자주 등장한다. 더욱 흥미로운 사실은 용과 관련된 지명의 약 43퍼센트가 우리나라의 대표 곡창지대인 전라도 지방에 집중되어 있다는 것이다.[15] 용은 연못에서 나서 비를 관장한다고 믿었던 조상들의 믿음이 지명에 반영되었다고 할 수 있다. 물이 솟아나거나 고여 있는 우물과 연못은 생명의 탄생에 비유될 수 있다. 여기에 하늘과 연결되는 신성한 통로라는 생각이 더해지면서 연못과 우물은 신성한 존재의 탄생 공간으로 그려지기 시작한다. 신라의 초대 국왕 혁거세의 나정, 혁거세의 부인 알영의 알영정, 부여의 왕이 된 금와왕의 곤연 등이 바로 그 사례라고 할 수 있다.

우물과 연못이 하늘과 연결되어 있다는 생각은 과거 우리 어머니들의 소박하고도 간절한 주술과도 이어진다. 어머니들은 집안에 어려운 일이 있거나 누군가 먼 길을 떠날 때면 장독이나 부뚜막 위에 정화수 한 사발을 올려놓고 기도를 올렸다.

물은 하늘과 연결되어 있을 뿐만 아니라 더러운 것을 씻어내는 정화력, 즉 부정을 물리치는 힘이 있다고 믿었다.[13] 이제 물은 전설과 민담을 넘어 종교의 영역으로 활동 범위를 넓혀간다.

물이 가진 정화력은 종교 이념과도 잘 맞아 떨어졌다. 기독교의 세례, 불교의 관불, 힌두교인들의 갠지스강 목욕 의식은 모두 물의 정화력에 기원을 두고 있다. 종교마다 의식은 다르지만 바탕에 깔린 생각은 물로 죄와 불길함을 씻어낸다는 의미이다.

연못이 하늘과 닿아 있다는 생각을 가지고 있었기 때문에 궁궐과 제법 규모가 있는 한옥에는 연못이 빠지지 않았다. 연못은 실용적인 측면도 많았다. 다양한 풍광을 만들어서 경관을 좋게 할 뿐만 아니라 화재에 대비한 소방수 역할도 했으니 말이다. 그런데 연못의 형태를 보면 대부분 네모난 모양이라는 사실을 알 수 있다. 각진 것보다는 자연스러운 멋을 좋아했던 우리 조상들이 왜 연못은 네모나게 만들었을까? 특히 조선 시대에 접어들면서 각진 연못에 대한 선호는 더욱 뚜렷해진다. 조선 시대 만들어진 거의 모든 연못은 네모로 만들어지고 가운데는 둥근 섬을 두는 기법이 유행한다.

연못을 이렇게 만든 것은 음양오행과 성리학적 세계관 때문이다. 하늘은 둥글고 땅은 네모라는 천원지방天元地方의 유교적 우주관에 근거해 네모 모양의 연못은 땅을, 가운데 둥근 섬은 하늘을 상징한다. 음의 기운을 지닌 땅이 양의 기운을 지닌 하늘과 만나 조화를 이룬다는 큰 의미를 담았던 셈이다.

조선 시대 인기를 끌었던 연못의 구성 요소 중에 빠지지 않는 것이 있다. 바로 연꽃이다. 연못은 연꽃의 한자 '연蓮'과 우리말 '못'이 합쳐진 단어이다. 의미로만 보면 '못'이라는 글자로도 충분할 텐데 굳이 연못이라고 한 것은 우리나라 전통적인 '못'에는 대부분 연꽃이 있었기 때문이다. 연꽃은 불교를 상징하는 꽃이라고 생각할 수 있지만, 조선 시대에는 그렇게 생각하지 않았던 것 같다. 숭유억불 정책의 조선 시대에도 연꽃은 많은 선비의 사랑을 받았으니 말이다. 연꽃이 당시 선비들에게 이렇게 각별해진 계기는 한 학자의 시 한 편이었다. 바로 송나라 때 성리학의 기초를 다진 주돈이周敦頤라는 학자가 쓴 〈애련설〉이라는 시였다.

시에서 주돈이는 "나는 오로지 진흙에서 나고도 더러워지지 않는 연꽃을 사랑하노라. 연은 꽃 중의 군자로다. 나와 같이 연꽃을 사랑할 이 누구인가"라고 연꽃을 예찬한다.[16] 그가 연꽃을 사랑하는 것은 연꽃의 특성이 군자의 덕을 닮았기 때문이라고 했다. 성리학의 기초를 다진 학자가 연꽃을 좋아하고 그 이유가 군자를 닮아서라고 하였으니 선비된 사람으로 어찌 연꽃을 좋아하지 않을 수 있을까.

오래전부터 연못에 부여한 신비함과 신성함 때문에 연못은 많은 사연을 담고 있다. 하늘과 닿고 싶어 하는 인간의 생각은 연못을 우리 주변 가까이 두게 만들었다. 지금은 연못이 가진 탄생 설화의 신비함도, 통치 이념을 담고 있는 우주관도 사라졌지만 연못은 여전히 우리 가까이 있다. 연못이 주는 아름다움뿐만 아니라 연못에는 고요하고 깊은 사색이 있기 때문이 아닐까 싶다.

삶의 이치를
물로 풀어내다

닮았다는 이유만으로
범인이 된 대장균

범인과 닮았다는 이유 때문에 죄인으로 몰려 옥살이를 한다면 얼마나 억울할까? 몇 년 전 미국에서는 일명 '도플갱어의 죄'를 뒤집어쓰고 17년 동안이나 억울하게 수감 생활을 한 재소자가 있었다. 이 억울하고도 황당한 사건을 자세히 알아보자.

1999년 미국 캔자스주의 한 공원에서 끔찍한 무장 강도 사건이 일어난다. 당시 피해자는 너무 당황해 범인 얼굴을 기억하지 못했고, 사건 현장에서 범인을 특정할 만한 지문과 물증도 발견되지 않아 수사는 난항을 겪는다. 경찰은 두 명의 목격자 증언을 토대로 몽타주를 만들어 수사망을 좁혀간다. 그 결과 몽타주와 일치하는 리처드 존스Richard Jones라는 사람을 유력한 용의자로 지목한다.

존스는 사건 발생 시간에 여자 친구와 함께 있었다는 알리

바이가 있었지만 재판부는 여러 정황 증거를 토대로 그에게 징역 19년 형을 선고한다. 무죄를 주장했지만 소용이 없었다. 존스는 억울한 옥살이를 하던 중 다른 수감자에게 흥미로운 이야기를 듣는다. 그 수감자가 다른 시설에서 복역할 때 존스와 똑같이 생긴 사람을 본 적이 있다는 것이다. 이 말을 들은 존스는 변호사를 통해 자신의 '도플갱어'를 수소문한다. 그리고 놀랍게도 자신과 너무나 닮은 진범을 찾아낸다. 이 두 사람은 나이만 한 살 차이가 날 뿐 신장, 체중, 머리 스타일과 피부색도 똑같았다. 다행히 경찰이 재수사를 시작했고 존스는 복역 17년이 지나서야 누명을 벗을 수 있었다.

오래전 우리나라에서도 이와 비슷한 사건이 있었다. 범인과 인상착의가 닮았다는 이유로 평범한 사십 대 가장 A가 강도 혐의로 두 달 넘게 억울한 옥살이를 하다가 진범이 잡힌 덕분에 풀려났다. 이 경우도 A의 알리바이가 확실했지만 경찰은 사건 당시를 어렴풋하게 기억하는 피해자가 A를 범인과 닮았다고 진술하고 범행에 사용된 것으로 보이는 증거물이 차에 있었다는 이유로 범인으로 지목한다.

이처럼 누군가와 닮았다는 이유로 옥살이까지 하게 된 황당한 사연은 듣는 사람까지 공분하게 만든다. 누군가를 닮아서 겪어야 했던 황당한 일 중에는 억울함을 넘어 코미디 같은 사례도 있다. 우리나라의 한 영화배우는 대통령을 닮았다는 이유로 10년 동안이나 방송 출연을 정지당했고, 중국에서는 곰돌이 푸가 시진핑 주석을 연상시킨다는 이유로 사전 검열 대상이 되기도 했다.

닮지 말아야 할 누군가를 닮아서 괴로운 것은 사람만이 아닌 듯하다. 눈에 보이지 않는 미생물 중에도 닮지 말아야 할 세균을 닮아 고달픈 미생물이 있다. 그 주인공은 바로 우리 귀에 익숙한 대장균이다. 대장균이라고 하면 연상되는 단어는 식중독이다. 식중독 사건이 발생하면 방역 당국은 역학조사를 통해 대장균 검출부터 시작한다. 기준치 이상의 대장균이 검출되는 곳이 발생원으로 지목된다. 이 과정을 지켜보면서 대부분의 사람은 대장균이 식중독의 범인이라고 생각한다. 정말 식중독을 일으키는 범인은 대장균이 맞을까?

대장균은 이름 그대로 대장에 살고 있는 세균 중 하나이다. 우리 몸의 대장에는 수백 가지가 넘는 세균이 살고 있고 그 숫자는 수십 조나 된다. 이름 때문에 대장에 가장 많이 서식하는 세균일 것 같지만 대장에 살고 있는 전체 세균 중에서 대장균이 차지하는 비율은 0.1퍼센트밖에 되지 않는다. 가장 먼저 발견되었고 연구가 가장 많이 진행되었기 때문에 대장균이라는 이름을 얻었을 뿐이다.

대장에 살고 있는 세균은 종류가 많은 만큼 역할도 다양하다. 우리 몸에 좋은 세균, 나쁜 세균, 그리고 평상시에는 큰 역할을 하지 않다가 장내 환경이 달라지면 갑자기 증식해 설사와 통증을 유발하는 이상한 세균도 있다. 우리에게 익숙한 비피두스균과, 유산균은 대장 내 좋은 세균이다. 식중독에 관한 뉴스에서 자주 듣게 되는 황색포도상구균, 살모넬라균, 장염비브리오, 병원성대장균 등은 나쁜 세균이다. 대장에서 살고 있던 다양한 세균은 배변을 통해 몸 밖으로 나온 다음 우리 일상생활로 스며든다. 몸 밖으로 나온 세균이 비위생적인 경로를 통해 음식물이나 물에 포함되면 증식을 통해 개체수를 늘려간다. 우리가 이 음식을 먹게 되면 장내 세균의 균형이 깨지면서 식중독에 걸릴 확률이 높아진다.

어떤 음식이 식중독을 일으킬 위험이 있는지를 파악하기 위해서는 음식이나 물에 식중독을 일으키는 나쁜 세균이 있는지 검사해 보면 된다. 그런데 나쁜 세균을 찾아내는 검사법은 종류도 많고 절차도 까다로워 분석에 많은 어려움이 따른다. 다행히 좋은 소식이 있다. 대변을 통해 몸 밖으로 나온 좋은 세균, 나쁜 세균, 이상한 세균은 같이 몰려다니기 때문에 이 중에서 가장 분석하기 쉬운 세균만 분석해도 나쁜 세균이 있는지 알 수 있다는 것이다. 이렇게 선택된 세균이 바로 대장균이다. 대장균은 사람과 동물의 장에만 서식하기 때문에 분변 오염 지표로 사용하기 쉽고 분석이 간단하다는 장점도 있다.[1] 행주와 김밥, 약수터에서 대장균이 검출되었다면 동물의 대변에 의해 오염되었을 가능성이 크고 식중독을 일으키는 나쁜 세균도 함께 있을 가능성이 높다고 할 수 있다. 이 때문에 대장균은 질병을 일으킬 가능성이 낮은 세균임에도 음식물의 위생 상태에 대한 간접적인 지표로 사용되고 있다. 대장균은 좋은 세균이지만 좋고 나쁨에 상관없이 대장에 사는 다른 세균을 닮았다는 이유만으로 범인 취급을 받는 셈이다.

우리는 그간 식중독 사건이 있는 곳이면 항상 대장균을 범인으로 지목했다. 그런데 알고 보니 대장균은 우리가 식중독의 진범을 잡는 데 도움을 준 유력 제보자였던 셈이다.

라면 국물의
역습

우리는 라면 국물을 물에 버리면 수질이 오염된다는 사실을 알고 있다. 그런데 방금 전까지만 해도 맛나게 먹던 음식이 버리는 순간 왜 갑자기 오염 물질이 되는 것일까? 이것에 대한 이해를 좀 쉽게 하기 위해서는 라면 국물을 땅 위에 버리면 어떤 현상이 일어나는지 알아봐야 한다.

라면 국물을 땅 위에 버리면 부패가 일어나고, 이 과정에서 해충과 악취가 발생한다. 그리고 일정 시간이 지나면 모두 분해되어 사라진다. 물에 버린 라면 국물도 물속에서 비슷한 분해 과정을 거친다. 라면 국물은 물속에 있는 미생물에 의해 분해되어 일정 시간이 지나면 모두 사라진다. 라면 국물처럼 물속에 흘러들어 온 다른 오염 물질도 일정 시간이 지나면 미생물에 의해 분해되어 사라지고 물은 다시 깨끗해진다. 물이 이렇게 오염 물질을 분해해 정화하는 과정을 자정작용이라고 하는데, 스스로 깨끗하게 정화한다는 의미를 지닌다.

　오염 물질이 자정작용을 거쳐 분해되기 위해서는 꼭 필요한 것이 있다. 바로 산소이다. 동물이 활동하는 과정에서 산소를 소비하듯이 미생물도 오염 물질을 분해하는 과정에서 산소를 소비한다. 오염 물질 양이 많으면 필요한 산소량도 당연히 많아진다. 그런데 물속에 녹아 있는 산소량은 한정되어 있기 때문에 기준량 이상의 오염 물질은 분해되지 못하고 썩기 시작한다. 이렇게 되면 물 색깔이 검게 변하고 악취가 발생하며 더이상 생물이 살 수 없는 환경이 된다. 이런 이유 때문에 물속에 오염 물질이 얼마나 있는지 파악하고 산소를 일정하게 유지하는 일은 수질 관리에서 매우 중요하다.

　물속에 녹아 있는 산소량을 측정하는 일은 의외로 간단하다. 산소 농도를 측정하는 계측기를 이용하면 금방 알 수 있다. 마치 온도계를 이용해 수온을 측정하는 것과 비슷하다. 그런데 물속 오염 물질량을 알아내는 방법은 산소 농도에 비해 약간 복잡하다. 물속의 오염 물질량을 측정하는 방법으로 주로 사용되는 수질 항목이 바로 생화학적산소요구량 또는 BOD^{biochemical oxygen demand}이다. 단어가 가지는 의미는 오염 물질이 분해되는 과정에서 요구하는 산소량이라는 뜻이다. 물속에 있는 오염 물질은 분해되면서 산소를 요구하기 때문에 이때 필요한 산소량을 측정하면 물속 오염 물질량을 간접적으로 알아낼 수 있다.

단위는 물 1리터 당 소비하는 산소량^{mg}을 뜻하는 밀리그램 퍼 리터$^{mg/L}$ 또는 피피엠으로 표시한다. 이 수치가 낮을수록 깨끗한 물이고 높을수록 지저분한 물이기 때문에 BOD를 이용해 수질 기준을 정하는 것이 가능해진다. 우리나라의 경우 BOD 2밀리그램 퍼 리터 이하를 좋은 물이라고 정하고 있다. 그리고 BOD가 10밀리그램 퍼 리터를 초과하면 등급을 정할 수 없을 정도로 매우 오염되었다고 할 수 있다.[2]

다시 라면 국물 이야기로 돌아가서 물을 오염시키는 음식물의 BOD를 알아보자. 환경부가 발표한 자료에 따르면 우리가 일상에서 자주 먹는 음식의 BOD는 상상 외로 높다.[3] 라면 국물, 된장국, 육개장 등의 국물을 가진 음식의 BOD는 20만 밀리그램 퍼 리터를 훌쩍 넘는다. 우유, 콜라 등의 음료를 비롯해 소주, 막걸리 등의 술도 10만 밀리그램 퍼 리터의 높은 값을 나타낸다. 그렇다면 음식물의 BOD는 가정하수와 비교했을 때 어느정도 수준일까? 가정하수와 라면 국물의 BOD를 비교해 보면 어느 것이 더 큰 값을 가질까? 언뜻 생각하면 라면 국물보다 가정하수가 훨씬 오염도가 클 것 같지만 결과는 정반대이다. 일반적인 가정하수의 BOD는 200밀리그램 퍼 리터 정도인데 위에서, 언급한 라면 국물의 BOD를 보면 라면 국물이 하수에 비해 자그마치 1천 배나 오염도가 큰 셈이다. 우리가 보기에는 하

수는 지저분하고 라면 국물은 먹는 음식물이라 하수의 오염도
가 훨씬 클 것 같지만 결과는 정반대이다. 라면 국물을 깨끗한
하천 수준인 BOD 2밀리그램 퍼 리터로 만들기 위해서는 버린
라면 국물양의 10만 배에 해당하는 맑은 물이 필요하다. 우리
가 버리는 오염 물질이 하천 수량에 비해 많지 않더라도 심각
한 수질오염으로 이어지는 것은 바로 이 때문이다.

3

잃어버린 땀을
찾아서

더운 여름 땀은 끈적거림과 냄새 때문에 우리를 불편하게 하지만 우리 몸의 체온을 조절하는, 없어서는 안 될 존재이다. 더운 곳에 있거나 격렬한 운동을 하면 우리 몸은 체온을 일정하게 유지하기 위해 피부에 있는 수백만 개의 땀샘에서 땀을 분비한다. 땀이 증발하면서 우리 몸에서 열을 빼앗아가기 때문에 몸의 온도는 더 이상 높아지지 않고 일정한 수준을 유지하게 된다.

성인 한 사람은 하루에 평균 0.5~0.7리터 땀을 흘린다. 격한 운동을 하거나 더운 여름에는 땀 배출량이 2리터 이상으로 늘어나기도 한다. 땀은 99퍼센트가 물로, 나머지 1퍼센트는 나트륨과 같은 전해질로 이루어져 있다. 맑은 소금물과 비슷하다. 땀을 통해 몸의 수분이 빠져나가면 물을 마셔 수분을 보충해

주어야 한다. 그런데 수분을 보충하기 위해 물만 마시면 곤란하다. 땀으로 물만 빠져나간 것이 아니라 몸속에 있던 이온 성분도 같이 배출되었기 때문에 반드시 함께 보충해야 한다.

예전에는 땀으로 배출된 소금 성분을 보충하기 위해 소금을 직접 먹기도 했지만 지금은 스포츠 음료를 마시는 것이 일반적이다. 스포츠 음료는 땀으로 빠져나간 수분과 전해질을 동시에 보충하도록 만들어져 알칼리성 이온 음료라고도 불린다.

오래전 인기를 끌었던 KBS 예능프로그램 〈스펀지〉에 알칼리성 이온 음료가 나온 적이 있었다. 프로그램은 사회자가 제시한 문장의 빈 네모 칸을 출연자가 맞히는 방식으로 진행되었다. 알칼리성 이온 음료에 관한 문제는 "알칼리성 이온 음료는 [＿＿＿＿]이다"였다. 빈칸의 정답은 무엇이었을까? 정답은 '산성'이었다.

산성과 알칼리성을 구분하는 기준은 pH이다. pH는 0에서 14 사이의 값을 갖는데 7보다 낮으면 산성, 7보다 높으면 알칼리성으로 구분한다. 우리가 알칼리성 이온 음료라고 부르는 스포츠 음료의 pH는 3 정도이다. pH로 보면 분명 산성인데 우리는 알칼리성 이온 음료라고 한다. 그뿐만 아니라 대표적인 산성 식품인 식초를 비롯해 레몬, 오렌지도 pH는 산성이지만 알칼리성 식품으로 분류된다.

이쯤 되면 식품을 산성과 알칼리성으로 구분하는 기준이 식품이 나타내는 pH가 아니라는 사실을 쉽게 알아차릴 수 있다. 우리가 섭취한 음식은 위에서 강한 위산에 의해 산성 조건에서 소화되기 때문에 식품이 가지는 pH는 큰 의미를 갖지 못한다. 식품을 산성과 알칼리성으로 판단하는 기준은 식품이 소화되어 우리 몸에 산성 효과를 나타내는지 알칼리성 효과를 나타내는지 여부로 결정된다. 소화되어 흡수된 물질이 산성 물질을 만들면 산성 식품, 알칼리성 물질을 만들면 알칼리성 식품이라고 한다.

그렇다면 산성 물질과 알칼리성 물질은 무엇일까? 산성이라고 하면 황산, 질산, 인산 등이 떠오르기 때문에 복잡한 화학식은 알지 못해도 화합물 이름만으로 황, 질소, 인이 포함된다고 추측할 수 있다. 알칼리성 물질은 수산화나트륨, 수산화칼슘, 탄산수소나트륨 등이 대표적이다. 알칼리성 물질에는 나트륨, 칼륨, 칼슘이 많이 포함되는 것을 알 수 있다. 이 기준으로 볼 때 소화된 후 나트륨, 칼륨, 칼슘 성분이 많으면 알칼리성 식품이다. 반대로 소화된 후 황, 질소, 인 성분이 많으면 산성 식품으로 분류된다. 알칼리성 식품은 과일, 채소, 해조류, 콩 등이고 산성 식품은 육류, 생선류, 곡류 등이다.

알칼리성 이온 음료로 다시 돌아가 보자. 알칼리성 이온 음료는 수분과 전해질을 공급하기 위한 기능성 음료이다. 이온 음료에는 기본적으로 나트륨, 칼륨이 함유되어 있고 마그네슘,

아미노산, 칼슘, 구연산이 함유된 제품도 있다. 이온 음료가 산성의 pH를 나타내는 것은 맛을 내기 위해 과일의 과즙이나 식품 첨가물인 구연산 등의 산성을 띠는 물질을 첨가하기 때문이다. 스포츠 음료에 들어간 나트륨, 칼륨 등은 몸속에서 물에 녹아 수산화나트륨, 탄산칼륨 등의 알칼리성 물질을 만든다. 이 때문에 스포츠 음료가 pH는 산성이지만 알칼리성 이온 음료라고 불린다.

땀을 자주 흘리지 않으면 땀샘의 기능도 퇴화된다고 한다. 움직이지 않으면 근육이 줄어드는 것처럼 말이다. 평상시 규칙적이고 꾸준한 운동을 해야 땀샘이 기능을 유지할 수 있다. 운동을 꾸준히 하는 사람이 그렇지 않은 사람에 비해 빨리 땀을 흘리고 더 많이 흘리는 것도 이 때문이다. 우리가 땀을 흘리고 나면 개운함을 느끼는데, 땀이 배출되면서 몸에 있는 노폐물도 함께 배출되기 때문이다. 사우나를 통해서도 땀을 배출할 수 있지만 피부 깊숙한 곳까지 따뜻하게 해서 땀을 배출할 수 있는 운동이 더 효과적이다. 운동을 통해 신체 온도가 서서히 올라가면서 배출되는 땀은 일종의 좋은 땀인 것이다.

유럽 축구 리그는
왜 겨울에 할까?

2002년 한일월드컵 이후 유럽 축구팀에 진출하는 우리나라 선수들이 많아지면서 유럽 축구는 우리에게 한층 친숙해졌다. 유럽 프로축구 리그를 보면서 드는 생각은 두 가지이다. 하나는 정말 공을 잘 찬다는 것과 다른 하나는 왜 하필 추운 겨울에 공을 찰까 하는 궁금증이다.

우리나라를 비롯한 아시아권에서는 축구 리그가 봄에 시작해 겨울이 오기 전에 끝나지만, 축구의 종주국이라 할 수 있는 유럽에서는 가을에 시작해 이듬해 봄에 끝난다. 한겨울에 공을 차는 셈이다. 유럽은 왜 추운 겨울에 축구를 할까? 그 이유에 대해서는 여러 가지 설이 있지만 가장 큰 이유는 한겨울에도 축구를 할 수 있을 만큼 날씨가 춥지 않아서이다. 영국 런던

의 연평균 기온은 10.5도로 서울과 비슷하지만 가장 추운 1월
을 기준으로 할 경우 평균기온이 4.2도로 서울의 영하 1.9도에
비해 6도 이상 높다. 영국은 한겨울에도 영하로 내려가는 추위
는 거의 없기 때문에 공을 차는 데 큰 무리가 없다.

위도가 높아질수록 추워진다는 사실에 비춰보면 겨울이 따
뜻한 영국이 우리나라보다 위도가 낮을 것 같지만 런던은 북위
51.5°로, 북위 37.6°의 서울에 비해 한참 높은 위도에 있다. 영
국뿐만 아니라 유럽에서 축구 리그로 유명한 나라들은 모두 우
리나라보다 위도는 높지만 겨울에도 축구를 즐길 정도로 매서
운 추위는 없다.

유럽 국가들은 우리나라보다 높은 위도에 위치해 있는 데도
어떻게 더 따뜻한 겨울을 보내는 것일까? 바로 바닷물의 흐름
인 해류 때문이다. 유럽의 앞바다인 북대서양에는 멕시코만에
서 올라오는 따뜻한 북대서양 난류가 흐른다. 북대서양 난류의
따뜻한 기운이 편서풍을 타고 유럽으로 전해지면서 유럽은 높
은 위도에도 불구하고 따뜻한 겨울을 보낼 수 있다.

육지에 있는 물이 강을 따라 흘러가는 것처럼 바닷물도 해
류를 따라 움직인다. 강은 높낮이 차이에 따라 물이 흐르지만
바닷물은 높낮이가 없기 때문에 해류는 다른 힘에 의해 만들
어진다. 해류를 만드는 힘은 바람과 바닷물의 밀도 차이다. 바
람이 불면 물이 바람을 따라 이동하면서 흐름을 만들고, 물의

밀도가 달라지면 무거운 물이 아래로 내려가면서 해류를 만든
다. 바닷물의 밀도 차이는 온도와 염도에 의해 나타난다. 온도
가 낮을수록, 염도가 높을수록 바닷물 밀도는 커지고 무거워진
다. 바람과 밀도 차이에 의해 물이 이동하면 그 빈자리를 메꾸
기 위해 주변에 있는 바닷물이 움직이면서 해류가 생긴다.

멕시코만에서 생긴 난류가 북대서양으로 흘러가는 것도 바
람과 밀도 차이 때문이다. 북대서양 북쪽에 있는 그린란드 근
처의 바닷물은 겨울 동안 온도가 낮아지고 염도가 증가하면서
무거워져 깊은 바다로 가라앉는다. 이 빈자리를 메꾸기 위해
멕시코만에서 생긴 난류가 편서풍을 타고 이동한다.

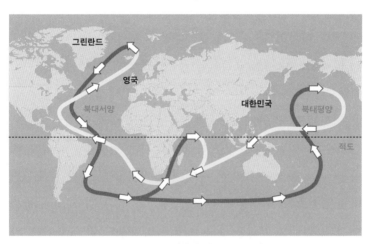

지구의 바닷물 흐름(▆ 한류, ▆ 난류)

지구는 해류를 통해 열에너지의 균형을 유지하기 때문에 해류가 달라지면 지구의 기후도 엄청난 변화를 겪게 된다. 가장 대표적인 기후변화가 엘니뇨 현상이다. 엘니뇨 현상은 적도 부근의 따뜻한 바닷물을 서쪽으로 보내주던 무역풍이 약해지면서 해류에 변화가 생기고 이로 인해 태평양 동쪽의 아메리카 대륙에 있는 나라와 서쪽의 아시아 대륙에 있는 나라에서 기상이변이 나타나는 것을 말한다.

기후변화로 해류가 달라지면 기상이변을 넘어 지구에 기후 재앙이 닥칠 것이라는 경고는 2004년에 개봉한 영화 〈투모로우〉에 담겨 있었다. 기후변화로 북극의 빙하가 녹으면서 해류가 바뀌어 지구의 온도가 급격하게 낮아지고, 결국 북반구의 상당 부분이 얼음으로 덮이는 빙하기를 겪는다는 내용이다.

이 영화는 개봉 당시 과학적인 검증 여부를 떠나 사회적으로 큰 파장을 불러일으켰다. 지구온난화와 기상이변으로 나타날 수 있는 현상을 영화 속에서 실감 나게 묘사하면서 환경 문제에 대한 경각심을 일깨워 주었기 때문이다. 특히 빙하가 녹으면 지구 전체의 온도가 올라갈 것이라는 상식과는 달리 해류가 바뀌어 지구에 다시 빙하기가 찾아올 것이라는 가정은 신선하면서도 과학적 설득력도 있었다. 이 영화는 흥미와 재미를 우선하는 영화의 특성상 상당한 과장과 과학적 오류가 있는 것은 사실이지만, 우리는 영화가 던져주는 메시지에 귀를 기울일 필요가 있다.

　우려스럽게도 최근의 연구에 따르면 북대서양 난류의 이동 속도가 조금씩 느려지고 있다. 그린란드 근처의 빙하가 녹으면서 해류에 변화가 생겼기 때문이다. 바닷물 흐름 변화로 북대서양 난류가 유럽 앞바다로 이동하지 못하면 유럽은 지금보다 더 추워질 것이고 한겨울에 열리는 유럽의 축구 리그는 어쩌면 옛날이야기가 될지도 모를 일이다.

5

하늘에 떠다니는
코끼리 100마리

파란 하늘에 떠 있는 뭉게구름은 솜사탕을 닮았다. 뭉게구름은 상승기류에 의해 수직으로 발달한 구름으로 일상에서 흔히 볼 수 있다. 이 구름은 더운 여름 태양 복사열에 의해 지표면이 가열되면서 수증기가 증발해 만들어진다. 고도가 높아질수록 온도가 낮아지기 때문에 지면에서 증발한 수증기는 위로 올라갈수록 온도가 낮아져 일정 고도에 이르면 수증기가 물방울로 변해 구름을 만든다. 구름이 만들어지는 높이는 지상 2킬로미터 정도로 지표면보다 20도 정도 온도가 낮은 곳이다.

솜사탕처럼 두둥실 떠 있는 저 구름의 무게는 얼마나 될까? 뜬금없는 이 질문에 대한 대답은 의외로 구름에 대한 몇 가지 기본적인 정보와 사칙연산만 알면 누구나 쉽게 구할 수 있다. 구름 무게를 계산하려면 먼저 구름의 크기를 알아야 한다. 뭉게구름의 크기는 구름이 생기는 조건에 따라 다르지만 대개 가로, 세로, 높이가 약 1킬로미터 정도로 1세제곱킬로미터의 부피를 가진다. 부피를 알았으니 뭉게구름의 단위 무게 즉, 밀도를 알면 된다. 뭉게구름의 밀도는 대략 500톤 퍼 세제곱킬로미터ton/km^3로 알려져 있기 때문에 우리가 알고자 하는 구름의 무게는 500톤으로 계산할 수 있다.

하늘에 떠 있고 수증기로 이뤄지기 때문에 무게가 거의 나가지 않을 것 같지만 뭉게구름 무게는 500톤이나 된다. 우리가 어렸을 적부터 크고 무거운 것을 표현할 때 항상 떠올렸던 코끼리로 비교해 보자. 코끼리 한 마리 무게가 보통 4~6톤 정도니까 무려 코끼리 100마리에 해당하는 무게이다. 몽실몽실한 뭉게구름을 보면서 달콤한 솜사탕이 수백 개 떠 있는 줄 알았더니 코끼리 100마리가 돌아다니는 셈이다.

수백 마리의 코끼리만큼 무거운 구름은 어떻게 하늘에 둥둥 떠 있을 수 있을까? 바로 대기의 상승기류 때문이다. 전체의 무게는 어마어마하지만 구름은 작은 물방울로 이뤄져 있어서 물방울에 미치는 중력에 비해 상승기류가 크기 때문에 하늘을 떠다닐 수 있다. 수백 톤의 뭉게구름이 가볍게 떠 있는 사실이 놀랍기도 하지만, 우리나라에 물 폭탄을 퍼붓는 태풍 구름이 태평양에서부터 수천 킬로미터를 이동해 오는 사실을 떠올려보면 그리 놀랄 일도 아닌 듯하다. 그렇다면 태풍의 무게는 얼마나 될까? 가볍게 보였던 뭉게구름이 500톤이나 되니 태풍의 무게는 아마 상상하는 수준을 훌쩍 넘을 듯하다.

태풍과 같은 비구름은 뭉게구름보다 3~5배 정도 무겁기 때문에 세제곱킬로미터당 약 2천 톤 정도의 무게를 가진다. 이제 태풍의 크기를 알면 된다. 태풍은 강풍이 부는 반경에 따라 4단계로 나눌 수 있다. 소형급은 300킬로미터 미만, 중형급은 300~500킬로미터, 대형급은 500~800킬로미터, 초대형급은 800킬로미터 이상을 말한다. 이 거리는 반경이기 때문에 중형급만 돼도 직경 600~1000킬로미터의 태풍으로 우리나라 전역에 영향을 미친다. 태풍의 높이는 대략 12~20킬로미터 정도이다.

중형급 태풍으로 가정하면 반경 400킬로미터, 높이 16킬로미터의 원기둥 모양 구름을 상상할 수 있다. 이제 원기둥의 부피 계산 공식($\pi r^2 \times h$)을 이용해 크기를 계산해 보자. 계산된 태풍의 크기는 800만 세제곱킬로미터로 가늠조차 되지 않는 규모이다. 이 부피에 구름의 밀도 2천 톤 퍼 세제곱킬로미터를 곱하면 태풍 구름이 싣고 오는 물의 무게를 계산할 수 있다. 그 무게는 자그마치 160억 톤이나 된다. 우리나라에서 가장 큰 소양댐을 5번 채우고도 남는 양이다. 이 태풍이 우리나라에 상륙해 비를 뿌릴 경우 전국에 160밀리미터의 엄청난 비를 쏟아부을 양이다.

구름 무게로 알 수 있듯이 대기 중에 구름 형태로 존재하는 물의 양은 우리 상상을 초월한다. 지구에 존재하는 전체 물의 0.001퍼센트는 늘 대기 중에 구름으로 존재한다. 수치로 보면 소수점 셋째 자리의 작은 양으로 간과할 수 있지만 이 양은 하천과 호수의 물을 전부 더한 것의 10분의 1에 해당하는 양이다. 하늘에 떠 있는 0.001퍼센트 물이 지구의 물을 순환시키고 육지에 물을 공급하는 절대적인 역할을 한다.

최근 자료에 따르면 해수면 온도 상승으로 대기 중에 존재하는 수증기량은 꾸준히 증가하고 있다. 1988년부터 2004년까지 10년마다 평균적으로 1.2퍼센트씩 증가하고 있다.[4] 언뜻 생각하면 대기 중에 수증기량이 많으면 지구의 물순환을 촉진하고 육지에 많은 물을 공급할 수 있어 긍정적으로 평가될 듯하지만 전문가들의 평가는 비관적이다. 대기 중에 존재하는 많은 양의 수증기는 대기 상태를 불안정하게 하고, 잦은 집중호우로 이어지기 때문이다.

6

데카르트와
눈송이

"나는 생각한다, 고로 존재한다."

근대 철학의 거장 르네 데카르트가 남긴 말이다. 철학자로 유명한 그가 남긴 저서 중에는 의외의 내용을 담은 책도 있다. 바로 《기상학》이다. 일기예보의 역사를 거슬러 올라가다 보면 데카르트를 철학자가 아닌 '최초의 현대 기상학자'로 만날 수 있다.

근대사상의 기본 틀을 처음으로 확립함으로써 근대 철학의 시조로 여겨지는 데카르트는 철학뿐만 아니라 수학, 과학 분야에도 조예가 깊어 《굴절광학》, 《기상학》, 《기하학》을 출간했다. 그가 남긴 《기상학》에는 그가 직접 관찰해 그려놓은 흥미로운 그림이 담겨 있다. 바로 눈송이 결정이다.

당대 철학의 거장의 눈에도 프랙털 구조로 정교한 대칭을 이루는 눈송이가 무척 신기했었나 보다. 눈은 내리는 모습도 예쁘지만 눈송이가 가진 모양을 자세히 보면 신기함을 넘어 자연의 경이가 느껴진다. 눈송이는 보통 2밀리미터 정도의 크기이기 때문에 육안으로 봐도 개략적인 모양을 알 수 있다. 눈송이는 정확히 말하면 눈 결정인데 대칭의 육각형 모양이다. 눈 결정이 육각형 모양을 가진다는 사실은 오래전부터 기록으로 남아 있었지만 맨눈으로 관찰해야 하는 한계 때문에 자세한 모양을 표현하기는 어려웠다.

눈 결정의 다양한 모양에 대해 알게 된 시기는 카메라가 발명되어 눈 결정을 사진으로 남기면서부터이다. 눈 결정을 처음 사진으로 찍은 사람은 미국의 윌슨 벤틀리Wilson Bentley였다. 놀랍게도 그는 과학자나 기상학자가 아니었다. 단지 눈송이에 관심이 많은 십 대 소년일 뿐이었다. 벤틀리는 어렸을 적부터 눈 결정의 아름다움에 푹 빠져 있었다. 현미경으로 눈 결정을 관찰하던 그는 1885년에 마침내 세계 최초로 눈 결정 사진을 찍는 데 성공한다. 그때 그의 나이 열아홉이었다. 그 이후로 눈 결정 사진을 찍는 데 거의 평생을 바쳐 5000여 장에 달하는 방대한 사진을 책으로 남긴다. 그는 평생에 걸친 눈송이 관찰을 통해 같은 모양의 눈송이는 존재하지 않는다고 결론 내린다.

벤틀리 덕분에 눈 결정의 다양한 모양은 알게 되었지만 눈 결정이 왜 그렇게 여러 모양을 갖는지는 여전히 의문이었다.

그러던 중 일본 홋카이도 대학교의 나카야 우키치로[中谷宇吉郎] 교수가 1936년에 세계 최초로 실험실에서 눈 결정을 만드는 데 성공한다. 나카야 교수는 눈 결정을 만드는 과정에서 온도와 습도를 달리하면 눈 결정 모양도 달라진다는 사실을 알아냈다. 그의 연구에 따르면 우리가 좋아하는 함박눈은 영하 10~20도의 온도에서 습도가 과포화되었을 때 만들어진다.

눈 결정은 습도와 온도에 따라 모양이 달라지기 때문에 비슷한 모양은 존재할 수 있지만 똑같은 형태는 존재할 수 없다. 벤틀리를 비롯해 많은 사람의 노력으로 지금까지 확인된 눈 결정은 6000여 가지가 넘는다. 눈 결정 모양이 이렇게 다양하지만 한 가지 공통점을 가지고 있다. 바로 모든 눈 결정은 육각형 형태를 갖는다는 점이다.

눈 결정이 육각형 모양을 갖는 이유는 아직 정확하게 밝혀지지 않았지만, 물이 얼어 고체가 되면 물 분자가 육각형 구조를 갖기 때문인 것으로 추측한다. 육각형 구조를 갖는 아주 작은 얼음 알갱이에 수증기가 달라붙어 커지면서 육각형 형태를 지니게 된다는 것이다. 눈 결정이 만들어질 때 습도가 높아 공급되는 수증기가 많을수록 눈 결정은 잔가지가 많아지고 화려한 형태를 보인다.

함박눈이 만들어지는 조건보다 습도가 낮아지면 눈 결정은 화려하게 자라지 못하고 육각형 기둥이나 육각형 판 모양을 갖

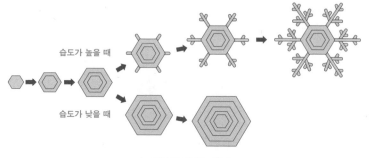

눈 결정이 자라는 과정

게 된다. 우리가 흔히 가루눈이라고 부르는, 결정의 크기가 작고 가루처럼 내리는 눈이다. 이렇게 만들어진 눈은 수분이 적어 잘 뭉쳐지지 않기 때문에 눈사람을 만들 수 없고 눈싸움을 할 수도 없다. 겨울에 눈을 기다리는 마음은 아이들도, 어른들도 정도의 차이는 있지만 비슷한 것 같다. 하지만 해가 거듭될수록 겨울에 눈이 내리는 횟수와 양은 점점 줄어드는 것 같아 아쉬움이 커진다.

7

눈을 만드는 재료,
바람과 물

앞서 우리는 적당한 습도와 온도가 있으면 눈 결정을 만들 수 있다고 했다. 하지만 눈 결정을 만드는 이 장치는 그야말로 눈 결정을 만드는 장치일 뿐이라서 스키장과 같이 많은 눈이 필요한 곳에는 아무 소용이 없었다. 그래서 만들어진 기계가 스키장에서 볼 수 있는 인공 눈을 만드는 제설기이다. 제설기를 눈대포라고도 하는데 대포처럼 생긴 기계에서 눈이 쏟아져 나온다.

제설기가 눈을 만드는 원리는 우리가 입김을 불 때 시원한 바람이 나오는 원리와 비슷하다. 우리가 뜨거운 음식을 먹을 때 '후' 하고 입김을 불면 입에서 차가운 바람이 나와 뜨거운 음식을 식혀준다. 우리 폐 속에서 나온 따뜻한 공기인데도 입 밖으로 나오자마자 신기하게도 시원해진다. 이유는 입김을 부는 입 모양과 입김의 속도에 있다. 우리가 입김을 불 때는 입을 작게 벌리고 바람을 빠르게 내보낸다. 이렇게 입김을 불면 입안에 있는 공기에는 압력이 가해지고 좁은 입술을 통해 바깥으로 빠져나가는 순간 압력이 낮아지면서 부피가 늘어난다. 공기는 에너지 공급 없이 부피가 팽창하면(단열 팽창) 온도가 내려가고 반대로 부피가 수축하면(단열 수축) 온도는 올라가는 특성이 있다. 따라서 입 밖으로 나오면서 부피가 늘어난 입김은 온도가 내려간다. 후 하고 부는 입김이 시원한 이유이다.

입김을 세게 불수록 압력과 부피 차이가 커지기 때문에 입김 온도는 더 낮아진다. 그렇다면 입김의 원리를 이용한 기계 장치를 만들고 바람을 아주 강하게 내보낸다면 온도를 영하로 낮출 수 있지 않을까? 그리고 바람 속에 적당한 수분을 더해주면 인공눈을 만들 수 있지 않을까? 이 발상에서 만들어진 장치가 인공눈을 만드는 제설기이다. 장치는 복잡하고 신기하게 보이지만 기본적인 원리는 입김을 부는 것과 같다.

인공 제설기는 분무기와 같은 노즐을 통해 아주 작은 물방울을 만들고 이 물방울을 강한 바람을 이용해 대기 중으로 뿜어낸다. 제설기를 통과해 대기 중으로 쏘아진 공기는 단열 팽창으로 온도가 낮아지면서 공기 속에 포함되어 있던 물방울을 순간적으로 얼려 눈으로 만든다. 인공 제설기가 눈을 만들기 위해서는 영하 3도 이하의 온도와 60퍼센트 이상의 습도가 필

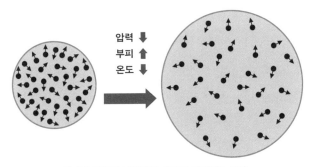

압력 ↓
부피 ↑
온도 ↓

공기의 압력이 낮아지면 온도도 낮아지는 모습

요하다.

　인공 제설기에 의해 만들어진 눈은 하늘에서 떨어진 자연 눈과 같은 모양일까? 앞서 설명한 것처럼 하늘에서 만들어지는 자연 눈의 결정은 작은 물방울에 구름 속의 수분이 천천히 달라붙어 만들어지기 때문에 잔가지가 많고 화려한 형태이다. 이에 비해 인공 눈은 아주 짧은 시간에 물방울이 얼면서 결정을 만들기 때문에 훨씬 단조로운 모양이 된다. 눈을 만든다기보다는 작은 얼음 알갱이를 만든다고 하는 것이 더 정확한 표현일 듯하다. 인공 눈은 얼음 알갱이기 때문에 자연 눈에 비해 잘 뭉쳐지지도 않고 딱딱한 편이다. 그래서 스키장의 인공 눈 위에 넘어지면 자연 눈 위에 넘어졌을 때보다 더 아프게 느껴진다. 그렇다면 스키장에서는 인공 눈보다 자연 눈이 좋을까? 틀렸다. 스키와 같은 스포츠에는 자연 눈보다 인공 눈이 더 좋다. 인공 눈이 자연 눈에 비해 덜 눌리고 잘 미끄러지기 때문이다.

공기의 압력이 높아지면 온도가 올라가고 압력이 낮아지면 온도가 내려가는 현상은 인공 제설기뿐만 아니라 우리 일상 속에서도 쉽게 찾아볼 수 있다. 축구공과 자전거 타이어에 바람을 탱탱하게 넣으면 따뜻해지는 것을 느낄 수 있는데 이것도 압력의 변화로 온도가 올라가기 때문이다. 반대로 압력이 낮아질 때 온도가 내려가는 현상은 우리가 야외에서 음식을 조리할 때 쓰는 휴대용 가스버너의 부탄가스 통에서 확인할 수 있다. 가스버너를 이용해 음식을 조리한 후 가스통을 만져보면 유난히 차가운 것을 알 수 있다. 이것은 부탄가스를 사용하는 동안 가스통 안의 압력이 낮아지면서 온도도 내려갔기 때문이다.

수증기가 증발해 하늘에서 구름이 만들어지는 것도 같은 원리이다. 구름이 상승기류를 타고 높은 고도로 올라가면 기압이 낮아지면서 부피가 팽창하고 온도는 낮아진다. 구름 속에 있던 수증기가 응결해 물방울이나 눈 결정이 만들어지고 이 결정이 커지면 비나 눈이 된다. 높은 산꼭대기에 비와 눈이 자주 오는 것도 이 때문이다.

8

뿌연 수돗물은
사용해도 괜찮을까?

가끔 수돗물을 틀었을 때 물이 뿌옇게 나와 놀랄 때가 있다. 소독약 때문은 아닌지, 수도관에서 이물질이 나온 것은 아닌지 의심이 든다. 이렇게 뿌연 수돗물은 사용해도 괜찮은 것일까? 수돗물이 뿌옇게 나오는 현상은 주로 겨울철 온수를 틀었을 때 나타난다. 온수를 틀었을 때 뿌연 물이 나오다가도 수도꼭지를 냉수 쪽으로 돌리면 뿌연 색은 사라진다. 이 현상의 원인이 소독약이나 수도관 이물질 때문이라면 냉수도 뿌옇게 나와야 하지만 냉수는 맑게 나오는 것을 보면 그런 문제는 아닌 듯하다. 또 뿌옇게 나온 온수를 그릇에 담아두면 잠시 후 뿌연 색은 사라진다. 온수를 틀었을 때만 뿌연 물이 나온다면 원인이 물의 온도에 있지는 않을까? 추측대로 원인은 물의 온도이다

물이 뿌옇게 보이는 것은 물속에 녹아 보이지 않던 공기가

물의 온도가 높아지면서 작은 공기 방울로 바뀌기 때문이다. 물의 온도에 따라 물속에 녹을 수 있는 공기량은 달라진다. 설탕을 비롯한 고체가 물에 녹을 때도 비슷한 현상이 일어나는데, 차이가 있다면 고체는 물의 온도가 높을수록 많이 녹지만 기체는 반대로 물의 온도가 낮을수록 많이 녹는다는 점이다.

기체가 물에 녹는 현상은 우리가 눈으로 확인할 수 없기 때문에 설탕이 물에 녹는 현상과 비교해 보면 이해가 쉬울 듯하다. 뜨거운 물에 설탕을 넣어 포화가 될 때까지 충분히 녹였다고 가정해 보자. 설탕물에는 많은 양의 설탕이 녹아 있지만 우리 눈에는 그냥 맹물처럼 보일 수도 있다. 이제 뜨거운 설탕물을 시원한 곳으로 옮겨 온도를 낮추면 설탕물에서는 어떤 변화가 일어날까? 물속에 녹아 보이지 않던 설탕이 하얀 설탕 결정으로 바뀌어 컵 바닥에 깔리게 될 것이다. 물의 온도가 낮아지면 물속에 녹아 있을 수 있는 설탕의 양이 줄어들기 때문이다. 물속에 공기가 녹는 현상도 이와 비슷하다. 온도가 낮은 물에 녹아 있던 많은 양의 공기는 물의 온도가 올라가면 작은 공기 방울로 바뀐다. 물속에 녹아 있을 수 있는 공기량이 줄어들었기 때문이다.

물속에 공기가 녹는 현상을 이해했으니 다시 뿌연 수돗물 이야기로 돌아가 보자. 우리가 집에서 사용하는 온수는 수도관을 통해 공급된 찬물이 보일러를 거치면서 데워져 뜨거운 물이 된다. 이 과정에서 물의 온도가 높아지면 물속에 녹아 있던 공기는 작은 공기 방울로 바뀐다. 겨울철 10도 정도의 냉수가 보일러를 통과한 후 60~75도의 온수가 된 경우를 가정해 보면 물속에 녹을 수 있는 공기량은 절반 정도로 줄어든다. 물속에 녹아 있을 수 없는 공기는 온수 속에 무수히 작은 공기 방울을 만든다. 이 공기 방울이 우리가 온수를 틀어 컵에 담았을 때 물을 뿌옇게 보이게 하는 원인이다. 이 컵을 잠시 놓아두면 물속에 있던 작은 공기방울은 공기 중으로 빠져나가고 물은 투명한 색깔을 되찾는다.

물속에 기체가 녹을 수 있다는 사실은 물고기와 같은 수중 생물이 살아가는 데 절대적인 역할을 한다. 육상에서 살아가는 동물에게 산소가 필요하듯이 물속에 사는 동물에게도 산소가 필요하다. 육상에 있는 동물은 폐로 호흡하고 물속에 사는 동물은 아가미로 호흡한다는 것만 다르다. 물속에 사는 동물은 아가미 호흡을 하기 때문에 물속에 녹아 있는 산소를 이용한다. 이 산소를 물속에 녹아 있는 산소라는 의미로 용존산소라고 표현한다.

용존산소가 부족해지면 물고기는 수면 근처로 올라와 입을 뻐끔거린다. 수면 위로 입을 뻐끔거리는 것을 보면 물고기가 마치 사람처럼 입으로 숨을 쉬는 것 같지만 물고기는 아가미 호흡을 하기 때문에 입으로 숨을 쉬지는 못한다. 다만 수면 근처는 대기에서 녹아드는 산소가 많기 때문에 물고기가 수면 근처로 몰려드는 것뿐이다.

용존산소는 수중 생물이 살아가는 데 절대적인 요소이기 때문에 용존산소 농도를 파악하는 것은 수질의 좋고 나쁨을 판단할 수 있는 기준이 된다. 물에 녹을 수 있는 산소량은 물의 온도에 따라 달라지지만 20도를 기준으로 할 때 최대 9밀리그램 퍼 리터가량이다. 보통 용존산소가 5밀리그램 퍼 리터 이상이면 좋은 물이라고 할 수 있다.

물속에 산소를 공급하기 위해서는 어떻게 하면 될까? 방법은 의외로 간단하다. 물과 공기가 자주 접촉하도록 하면 된다. 물속에 녹아 있는 산소는 대기에서 공급되기 때문에 물이 공기와 자주 접촉하면 대기 중에 있는 산소가 물속으로 녹아 들어간다. 어항과 수족관에서 볼 수 있는 기포 발생기의 역할이 물속에 산소를 넣어주는 것이다. 같은 양의 공기를 넣어주더라도 여러 개의 작은 공기 방울로 나누어 주면 공기 방울과 물이 접촉하는 면적이 늘어나 산소 전달 효과가 증가한다. 이런 이유로 기포 발생기는 아주 작은 공기 방울을 만들어내도록 제작된다.

기포 발생기와 반대로 물방울을 공기 속으로 흩날려 산소를 공급하는 방법도 가능하다. 일반적인 방법은 수면에 물레방아 모양의 수차를 설치해 물을 튀겨 작은 물방울이 공기와 접촉하도록 하는 것이다. 양어장이나 작은 호수의 수면에 설치된 수차가 바로 이 역할을 한다.

공기 방울을 물속으로 넣어주는 기포 발생기와 물방울을 공기 중으로 보내는 수차는 방법은 다르지만 원리는 같다. 공기와 물을 자주 접촉시켜 공기 중에 있는 산소가 물속으로 녹아들도록 하는 것이다.

지구 대기의 21퍼센트는 산소로 구성되어 있다. 대기 중의 산소는 일정하게 물속에 녹아들면서 물속에 사는 생물에게 필요한 산소를 공급한다. 기체가 물에 녹고 대기 중에 있는 산소가 물속에 공급된다는 사실은 물속에 사는 생명은 물론이고 지구의 모든 생명체가 살아갈 수 있는 토대가 되었다.

그때그때마다 달라지는
산 높이

"동해물과 백두산이 마르고 닳도록 하느님이 보우하사 우리
나라 만세."

대한민국의 애국가 시작 부분이다. 그렇다면 아래 노래 가
사는 어느 나라의 국가일까?

"백두산 기상을 다 안고 근로의 정신은 깃들어 진리로 뭉쳐
진 억센 뜻 온 세계 앞서 나가리."

예상대로 북한이다. 북한의 국가도 우리와 같은 '애국가'이
다. 두 나라 국가에 공통적으로 등장하는 단어는 백두산이다.
흥미로운 사실은 대한민국 애국가에는 백두산이 1절의 첫 소
절에 등장하는 데, 북한의 애국가에는 2절에 나타난다는 점
이다.

노래 가사의 어디에서 백두산이 등장하는지 여부와 상관없

이 두 나라가 백두산에 특별한 의미를 부여한다는 사실은 분명하다. 대한민국 애국가에 등장하는 백두산 높이는 2744미터이다. 그렇다면 북한의 애국가에 등장하는 백두산 높이는 얼마일까? 같은 백두산이니까 당연히 2744미터라고 생각하겠지만 틀렸다. 북한의 애국가를 부르는 북한 주민이 알고 있는 백두산 높이는 우리가 알고 있는 높이보다 6미터가 높은 2750미터이다. 같은 백두산인데 왜 나라마다 측정한 높이가 다른 것일까? 이 질문에 대한 답을 찾기 위해서는 산 높이를 나타낼 때 사용하는 해발고도에 대해 알아봐야 한다.

산 높이를 나타낼 때 쓰는 해발은 해수면으로부터 얼마나 높은가를 의미한다. 그런데 해수면의 높이는 밀물과 썰물, 파도로 계속 변하기 때문에 기준을 정하는 것이 쉽지 않다. 산 높이를 정확하게 측정하기 위해서는 기준이 되는 해수면 높이를 일정하게 고정하는 방법을 찾아야 한다. 해수면을 고정해 일정한 높이로 정하는 방법은 해수면 높이의 평균치를 사용하는 것이다.

우리나라의 평균 해수면 기준은 일제강점기에 만들어졌다. 1913~1916년에 걸쳐 청진, 원산, 진남포, 인천, 목포의 다섯 개 바다에서 해수면 높이를 측정해 그 평균값을 기준 높이로 정했다. 이에 비해 북한은 동해안의 원산 앞바다를 기준으로 한다. 기준이 되는 바다의 위치와 높이가 다르기 때문에 같은 백두산

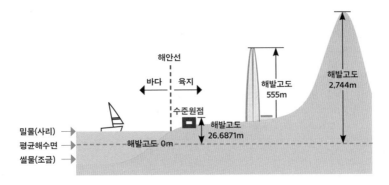

해안선

바다 | 육지

해발고도
2,744m

해발고도
555m

수준원점

밀물(사리)

평균해수면 ---- 해발고도 0m

썰물(조금)

해발고도
26.6871m

평균 해수면과 해발고도

이지만 해발고도가 달라질 수밖에 없다.

　평균 해수면 높이를 정하고 나면 그 높이를 알 수 있도록 어디엔가 표시를 해두어야 한다. 마치 땅을 측량하고 위치를 표시하기 위해 말뚝을 꽂아두는 것처럼 말이다. 땅은 위치가 고정되어 있어서 말뚝으로 표시하기 쉽지만, 바다는 계속 움직이기 때문에 높이를 알려주는 표시를 고정하기가 불가능하다. 이 때문에 움직이는 바다에 높이를 표시하는 대신 고정된 육지에 높이를 표시한다. 이곳을 해발고도의 근원이 되는 기준점이라는 의미로 수준원점이라고 하며 우리나라의 경우 인천광역시 인하대학교 부지 내에 설치되어 있다. 수준원점은 해발고도의 근원이 되는 기준점이지만 육지에 설치되어 있기 때문에 일정 높이의 해발고도를 갖는다. 인천광역시에 설치된 우리나라 수준원점의 해발고도는 26.6871미터이다. 수준원점이 평균 해수면보다 이만큼 높은 위치에 설치되어 있다는 의미이다. 이 수준원점은 대한민국 국토에 있는 산과 건축물의 높이를 재는 기준점이 된다.

기준점이 다르면 산의 높이가 달라지기 때문에 두 나라 경계에 있는 산 높이는 두 나라의 갈등이 되기도 한다. 대표적인 산은 세계 최고봉인 에베레스트이다. 에베레스트는 중국과 네팔의 경계에 있다. 네팔은 1954년 인도가 측정한 8848미터를 공식 높이로 받아들이고 있다. 하지만 중국은 산 정상에 쌓인 눈의 높이를 제외한 8844.43미터를 주장한다. 같은 산을 두고 다른 높이를 주장하던 두 나라는 2020년 12월, 양국이 공동 조사 결과를 발표하면서 마무리된다. 발표된 산의 높이는 기존 네팔의 주장보다 0.86미터 높아진 8848.86미터였다. 코로나19 확산세가 최고조에 달하는 엄중한 시기였음에도 양국은 공동 기자회견을 열고 조사 결과를 공식화하기 위해 양국 정상이 서신까지 교환했다고 한다. 산 높이를 결정하는 데 국가 정상이 서신까지 교환해야 할 일인지 살짝 갸웃해진다. 우리도 남한과 북한이 통일되면 백두산의 높이를 결정하는 데 이렇게 복잡한 절차를 거쳐야 하는 것은 아닐까?

최근 들어 해발고도의 기준이 되는 해수면이 점점 높아지고 있다고 한다. 일부 단체에서는 2030년이 되면 해수면 상승으로 인천공항이 잠길 것이라는 섬뜩한 자료를 내놓기도 한다. 하지만 해수면 상승은 영화나 일부 단체에서 주장하는 것처럼 급격하게 상승하지는 않으리라는 것이 많은 전문가 의견이다. 세계기상기구와 우리나라 해양수산부가 2021년에 발표한 우리나라 연안의 해수면 상승 높이는 매년 3밀리미터 정도이다.[5] 해양환경공단의 자료를 이용해 해수면 상승을 예측해 보아도 2050년 0.4미터, 2100년 1.1미터 정도인 것을 알 수 있다.[6] 일부 단체에서 제시했던 인천공항이 바닷물에 잠길 것이라는 주장과는 상당한 거리가 있다. 하지만 이 예측이 해수면 상승을 걱정할 필요가 없다는 의미는 아니지만 해수면 상승에 대한 지나친 과장으로 막연한 공포심을 유발하는 것은 경계해야 한다.

원하지 않았던
밀항

범죄를 주제로 한 많은 액션 영화에서 거물급 악당은 경찰을 피해 밀항을 시도하는 경우가 많다. 영화뿐만 아니라 현실에서도 밀항을 통해 해외로 도피하는 범인을 심심찮게 접할 수 있다. 밀항은 적법한 출입국 절차를 거치지 않고 다른 나라로 가는 것을 말하는데 자국에서 죄를 짓고 도망가는 도피형도 있지만, 자국의 불안한 체제 때문에 어쩔 수 없이 나라를 버리고 떠나는 생계형도 있다. 밀항의 수단은 비행기와 배로 나뉘지만 항공기보다 규제와 관리가 덜 엄격한 배가 주로 이용된다.

도피형이든 생계형이든 밀항을 통한 밀입국자는 골칫거리일 수밖에 없다. 그런데 적법한 절차 없이 몰래 남의 나라로 들어와 문제를 일으키는 것은 사람만이 아닌 듯하다. 식물과 동물도 정해진 절차를 거치지 않고 다른 나라로 유입되면 생태계를 교란할 수 있기 때문에 밀입국자만큼이나 골칫거리가 된다. 이런 생물의 반입을 막기 위해 나라마다 검역을 강화하고 있지만 출입국 절차를 피해 밀입국하는 사람이 있는 것처럼 검역을 피해 밀입국하는 생물도 있기 마련이다. 이들 역시 밀입국 수단으로 배를 이용하는데 배 하부에 있는 바닷물을 싣는 공간에 숨어든다. 배는 항해 중 상당한 양의 바닷물을 싣고 다니는데 해양 생물이 이 바닷물 속에 숨어 밀입국하는 것이다.

배는 왜 그렇게 많은 바닷물을 싣고 다니는 것일까? 빈 배로 다니면 배가 가벼워 훨씬 빨리 이동할 수 있을 텐데 말이다. 이유는 배의 무게중심을 낮추어 균형을 잡기 위해서이다. 배에 화물을 싣지 않으면 배는 가벼워져 물에 잠기는 부분이 줄어든다. 이렇게 되면 배의 무게중심이 높아져 무게중심을 잃고 옆으로 넘어지기 쉽다. 물에 잠기는 배 깊이가 낮아지면 배를 움직이는 스크루가 수면 밖으로 나와 추진력을 제대로 받기도 어렵다. 이 문제를 해결하기 위해 배 아래쪽에는 바닷물을 채워 배가 일정 깊이 이상 물속에 잠기도록 한다.

화물을 실었을 때도 마찬가지이다. 화물을 배 위에만 잔뜩 쌓게 되면 무게중심이 높아져 배가 쉽게 넘어진다. 이 경우에도 배 아래쪽을 무겁게 해 무게중심을 낮춰줘야 한다.

배의 균형을 잡기 위해 배에 채우는 이 물을 선박평형수라고 하는데 평형수의 양은 배에 실리는 화물 무게에 따라 달라

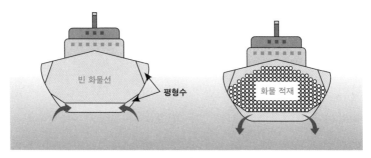

선박 평형수를 통한 해양 생물 이동

진다. 화물을 싣고 출항할 때는 적은 양의 평형수를 채웠다가 목적지에 화물을 내리고 빈 배로 돌아올 경우에는 많은 양의 평형수를 채우는 방식이다. 배에 바닷물을 채우거나 배출하는 과정에서 바닷물 속에 살고 있는 해양 생물도 배를 타고 함께 이동한다. 공식적인 수출입 대상인 생물은 철저한 검역 절차를 거치지만, 평형수에 실려온 해양 생물은 의도치 않은 밀항을 하게 된 셈이다.

평형수 배출을 통해 낯선 바다에 유입된 해양 생물은 새로운 환경에 적응하지 못해 사멸하는 경우가 대부분이다. 그런데 드물게 강한 생존력으로 살아남는 생물도 있다. 이렇게 살아남은 생물종은 그 지역에서 번식해 해양 생태계에 문제를 일으킬 가능성이 높다. 자신을 잡아먹는 포식자가 거의 없어 개체 수를 폭발적으로 늘려갈 수 있기 때문이다.

우리나라 고유의 해산물로 알고 먹는 음식 중에는 멀리 타국에서 의도치 않은 밀항을 통해 들어온 생물종이 많다. 대표적인 생물은 짬뽕같이 얼큰한 국물 요리에 빠지면 섭섭한 홍합이다. 우리가 홍합으로 알고 있는 이 패류의 본명은 지중해담치이다. 이름에서 알 수 있듯이 유럽이 고향인 이 생물종은 1950년대 배를 타고 국내에 유입된 이후 우리나라 토종 홍합을 밀어내고 전역에 퍼졌다. 해물탕 국물 맛을 시원하게 해주는 미더덕도 멀리 미국 동부 연안에 살고 있다가 우리나라 바다로 유입된 생물종이다.

　　외국 바다에 서식하던 생물종이 우리나라에 들어와 문제를 일으키는 것처럼 우리나라 바다에 사는 생물종이 다른 나라 바다를 점령하는 경우도 있다. 우리나라 사람들은 거의 모든 해산물을 먹는 데 비해 외국 사람들은 생선류 외에는 잘 먹지 않기 때문에 외국 바다에 적응한 해조류와 패류는 애물단지 그 자체이다. 상황이 이렇다 보니 우리나라에서는 귀한 취급을 받는 해양 생물이지만 외국에서는 천덕꾸러기 취급을 받는 생물종도 있다. 미역이 대표적이다. 미역국은 우리나라 사람들에게 단순한 음식 이상의 의미가 있다. 산모가 출산 후에 몸의 기력을 보충하기 위해 먹는 음식이고 그런 의미로 생일이면 꼭 먹어야 하는 음식이기도 하다. 우리나라에서는 이렇게 사랑받는 미역이지만 해조류를 잘 먹지 않는 다른 나라 사람들에게 미역은 악성 외래종일 뿐이다. 미역은 세계 100대 악성 외래종에 '당당하게' 이름을 올렸다. 등록된 이름도 미역의 일본어인 '와카메'와 바다잡초라는 의미의 영어 seaweed를 합친 wakame seaweed이다.[7]

선박 평형수는 배가 균형을 잡고 안전하게 항해하기 위해 꼭 필요한 장치지만 해양 생태계 입장에서 보면 원하지 않는 불청객을 밀입국시키는 밀항선 역할을 하는 셈이다. 평형수로 인한 생태계 교란이 문제가 되면서 최근 건조하는 선박은 평형수 처리 장치를 의무적으로 부착한다고 하니 늦은 감은 있지만 다행이다.

라이터는 되는데
왜 물은 안 되는 걸까?

공항은 설렘과 기대가 많은 곳이다. 아마도 많은 사람이 공항을 여행의 출발점으로 기억하기 때문인 듯하다. 하지만 여행을 출발하기 전 공항에서의 기억을 떠올리다 보면 항상 설렘과 즐거움만 있었던 것은 아니다. 가끔은 중요한 준비물을 깜빡하는 바람에 그야말로 '멘붕'이 되는 일도 있고, 까다로운 공항 보안 검색이 기분을 망치기도 한다.

공항 검색대의 긴 줄과 복잡한 절차는 늘 우리를 불편하게 한다. 가방과 주머니를 탈탈 털어 보여야 하는 것은 물론이고, 신발과 허리 벨트까지 풀어야 하는 일도 있다. 기내 수하물과 위탁 수하물에 반입 가능한 물품도 우리를 헷갈리게 하곤 한다. 어떤 물품은 기내 반입이 안 될 것 같아 위탁 수하물에 넣었는데 위탁 수하물 금지 품목이라고 해서 꽁꽁 싸맸던 여행

가방을 공항 바닥에서 뒤집기도 한다. 반대로 기내 수하물에 넣었다가 기내 반입이 안 된다고 해서 버리지도 못하고 가져가지도 못하는 난처한 상황이 빚어지기도 한다.

기내 수하물인지 위탁 수하물인지 헷갈리는 대표적인 물품은 어떤 게 있을까? 아마도 일회용 가스라이터와 보조 배터리가 아닐까 싶다. 가스라이터는 기내에 가지고 타면 안 될 것 같은데 위탁 수하물이 아닌 기내 수하물로 분류된다. 보조 배터리는 기내 수하물이든 위탁 수하물이든 상관이 없을 듯하지만 기내 수하물로 분류되어 화물실에는 실을 수 없다. 이처럼 헷갈리는 화물 분류 기준을 이해하기 위해서는 위탁 수하물이 실리는 비행기 화물실의 조건을 확인할 필요가 있다.

온도와 압력은 고도가 높아질수록 낮아진다. 비행기의 운항 고도는 국내선의 경우 7000~8000미터, 국제선의 경우 이보다 높은 10000~12000미터이다. 에베레스트 정상보다 높은 고도로 운항하기 때문에 비행기 주변의 기압은 지상의 4분의 1 수준, 온도는 영하 50도 이하로 떨어진다. 하지만 비행기에 타고 있는 승객은 이 혹독한 환경을 느끼지 못한다. 기내는 온도와 압력을 조절하기 때문이다. 하지만 위탁 수하물이 실리는 화물실은 온도와 압력 조절을 기내 수준으로 민감하게 조절하지 않기 때문에 기압과 온도 변화가 크다. 따라서 기압과 온도 변화에 민감한 가스라이터와 같은 물건은 폭발 우려가 있어 위탁 수하물에 넣을 수 없다. 보조 배터리도 같은 이유로 위탁 수하물에 넣으면 안 된다.

그런데 어느 때부터인가 기내에 물을 가지고 탈 수 없게 되었다. 물이 폭발물로 사용될 수 있기 때문이라고 한다. 물이 폭탄이 될 수 있다는 말일까? 정확한 이유는 물이 폭탄이 되는 것이 아니라 물과 유사하게 생긴 액체가 폭탄의 재료가 될 수 있기에 액체로 된 것은 무조건 기내 반입을 금지한다는 것이다. 이 규정이 새로 생긴 계기는 2006년 영국 공항에서 있었던 테러 음모였다. 테러범들은 영국에서 출발해 미국과 캐나다로 가는 7대의 비행기에 액체 폭탄을 설치하려고 계획했지만, 다행스럽게도 영국 경찰에 의해 사전에 발각되어 테러는 실행에 옮겨지지 못했다.

우리는 폭발물이라고 하면 일반적으로 다이너마이트와 티엔티TNT와 같이 고체 형태를 생각하지만, 반응성이 강한 액체를 혼합해서 만드는 액체 형태의 폭탄도 가능하다. 대표적인 것은 질산과 황산, 글리세린을 섞어 만든 니트로글리세린이다. 니트로글리세린의 재료는 일상에서 쉽게 구할 수 있는 것이 아니지만, 우리가 일상생활에서 자주 쓰는 물질도 액체 폭탄의 재료가 될 수 있다. 매니큐어를 지우는 아세톤과 소독제로 쓰이는 과산화수소수가 그것이다. 2005년 영국 런던의 지하철 테러, 2015년 프랑스 파리의 연쇄 테러에 사용된 액체 폭탄 TATP가 바로 아세톤과 과산화수소수를 이용해 만든 것이었다. 세계 테러범들이 자주 이 액체 폭탄을 사용하고 있는데, 재료를 구하기 쉽고 제조가 간단하면서도 강력한 폭발력을 지니기 때문이다. 그리고 액체 형태이기 때문에 기존 폭발물 탐지 장치로는 추적이 어려워 '사탄의 어머니'라는 악명이 있기도 하다.

세계적인 코로나19 확산으로 해외여행이 기억의 저편으로 아스라이 멀어졌던 적이 있었다. 공항 검색대의 긴 줄과 복잡한 절차가 주던 불편함이 오히려 추억처럼 그리워지기도 했다. 일상 속의 소소한 행복은 평상시에는 느끼지 못하다가 그것이 없어지고 나서야 우리는 그 빈자리를 알 수 있나 보다.

뚜껑을 여는 순간,
돌이킬 수 없다

계절에 상관없이 톡 쏘는 탄산음료는 시원한 청량감을 준다. 콜라 없는 피자, 햄버거, 치킨은 상상할 수 없다. 그런데 탄산음료의 아쉬운 점은 먹다 남겨두면 김이 빠져 밍밍해진다는 것이다. 먹다 남은 피자는 냉장고에 보관했다가 다음 날 전자레인지로 데우면 어제 맛과 비슷한데 콜라는 아무리 뚜껑을 잘 닫아 냉장고에 보관해도 어제의 그 맛을 낼 수 없다.

먹다 남은 콜라를 김이 빠지지 않게 보관하는 방법은 없을까? 안타깝게도 콜라를 금방 뚜껑을 열었을 때의 알싸한 상태로 보관하는 것은 불가능하다. 이유는 탄산음료를 만드는 과정을 보면 알 수 있다. 탄산음료는 특유의 톡 쏘는 맛을 내기 위해 음료 속에 고압의 이산화탄소를 주입한다. 최대한 많은 양의 이산화탄소를 녹여 넣기 위해 음료의 온도는 낮추고 압력은 대기압의 2~3배 정도로 높게 유지한다. 이렇게 높은 압력으로 녹아 있던 이산화탄소는 음료 뚜껑이 열리는 순간 '치익' 소리와 함께 빠져나오기 때문에 아무리 뚜껑을 잘 닫고 찬 곳에 보관하더라도 처음의 그 맛을 유지하기 어렵다.

아쉬운 대로 김이 빠지는 것을 줄일 방법은 있다. 콜라병을 뒤집어 보관하는 방법은 어떨까? 뒤집어 보관하면 뚜껑으로 김이 빠져나가는 것을 줄일 수 있을 것 같지만 사실 이 방법은 별효과가 없다. 콜라가 김이 빠져 밍밍해지는 것은 콜라 뚜껑으로 공기가 빠져나가는 것이 아닌 콜라병 안에서 일어나는 반응 때문이다. 콜라 안에 녹아 있던 이산화탄소가 콜라병 속의 빈

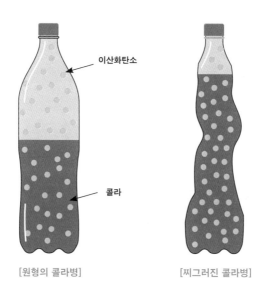

[원형의 콜라병]　　　　　[찌그러진 콜라병]

찌그러진 콜라병이 김이 안 빠지는 이유

공간으로 많이 빠져나오면 김빠진 콜라가 된다. 따라서 콜라의 김이 빠지는 것을 줄이려면 콜라병 안의 빈 공간을 최대한 작게 해줘야 한다. 콜라병을 찌그러트려 보관하는 것이 적합한 방법이다. 콜라가 넘치기 직전까지 콜라병을 최대한 찌그러트려 콜라병 안에 빈 공간이 거의 없도록 한 다음 냉장고에 보관하면 된다. 이렇게 보관하면 그냥 보관할 때보다 김이 빠지지 않고 톡 쏘는 맛이 비교적 잘 유지된다.

뚜껑을 열 때 음료 속에 녹아 있던 이산화탄소가 작은 공기 방울로 빠져나오는데 한꺼번에 많이 빠져나오면 공기 방울이 올라오면서 음료가 넘치기도 한다. 탄산음료는 흔들고 나서 뚜껑을 여는 경우가 거의 없지만 막걸리는 바닥에 가라앉은 침전물을 섞어주기 위해 뚜껑을 열기 전 병을 흔들어준다. 그런데 흔들고 난 뒤 뚜껑을 열면 폭발하듯이 막걸리가 뿜어져 나오기 일쑤이다. 어떻게 하면 '성난 막걸리'를 순하게 잠재울 수 있을까?

막걸리를 넘치지 않게 여는 방법은 다양하다. 뚜껑을 조금 열어 공기를 천천히 뺀 다음 여는 방법, 45° 기울여서 여는 방법, 숟가락으로 뚜껑을 몇 번 두드려준 다음 여는 방법, 막걸리 병을 몇 바퀴 굴린 다음 여는 방법, 막걸리병 옆면을 손가락으로 두드려준 다음 여는 방법 등 막걸리 종류만큼이나 성난 막걸리를 잠재우는 방법도 다양하다. 여러 팁 중에서 가장 효과적이고 확실한 방법은 막걸리병 옆면을 손가락으로 두드려주는 것이다. 용기의 옆면을 손톱으로 튕겨서 한두 바퀴 골고루 쳐준 다음 뚜껑을 열면 거짓말처럼 얌전해진 막걸리를 확인할 수 있다.

막걸리병 벽면을 손가락으로 쳐주기만 했는데 막걸리는 왜 넘치지 않을까? 탄산음료나 막걸리병을 흔들면 음료 속에 녹아 있던 이산화탄소가 수천 개의 작은 공기 방울을 만든다. 이렇게 생긴 공기 방울은 대부분 용기 벽면에 붙어 있다가 뚜껑을 열면 한꺼번에 위로 올라오면서 음료를 넘치게 한다. 그런데 뚜껑을 열기 전에 용기 벽면을 톡톡 쳐주면 벽면에 붙어 있던 공기 방울이 떨어져 뚜껑 근처의 공기층으로 빠져나오게 된다. 벽면에 붙어 있던 공기 방울을 음료 밖으로 미리 빼주었기 때문에 뚜껑을 열었을 때 음료를 밀고 올라오는 공기 방울이 줄어든다. 막걸리병 뚜껑을 숟가락으로 두드린 다음 따는 방법과 막걸리병을 두세 바퀴 굴린 다음 따는 방법도 방식은 다르지만 막걸리병 벽면에 붙은 기포를 미리 제거해 주는 원리는 같다.

탄산음료를 담는 페트병은 고압으로 이산화탄소를 주입하기 때문에 상당한 압력을 견디도록 튼튼하게 만들어야 한다. 말랑말랑한 생수병과 달리 단단한 원형 모양이고 바닥에는 꽃잎 모양의 발을 가지고 있는 것도 그 이유이다. 높은 압력에 견딜 수 있도록 만들어졌지만 압력이 아주 높아지면 용기가 터져

폭발하기도 한다. 압력이 높아져 용기가 터지는 것은 대부분 높은 온도 때문이다. 온도가 높아지면 물속에 녹을 수 있는 이산화탄소량이 줄어들어 용기 내부의 압력이 높아지고 일정 수준 이상이 되면 페트병이 터지게 된다. 이 때문에 더운 여름 차량 안에 두지 말아야 할 것 중에는 일회용 라이터 외에 탄산음료도 포함된다. 한여름 차량 내부의 온도는 70도를 훌쩍 넘는데 이 온도에서 녹을 수 있는 이산화탄소량은 냉장고에서 금방 꺼낸 시원한 음료의 5분의 1 수준이다.

짝퉁이 던져준
놀라운 발견

짝퉁이라는 단어는 모조품을 일컫는 속어이다. 모조품이 정확한 표현임에도 우리에게는 짝퉁이라는 단어가 더 익숙하다. 마치 명품보다 짝퉁이 더 판치는 것처럼 말이다. 예로부터 동서고금을 가리지 않고 좀 귀하다 싶은 물건은 전부 짝퉁 대상이었다. 요즈음에는 핸드백, 시계 등이지만 고려 시대와 조선 시대에는 글씨와 그림, 인삼, 우황청심환이 짝퉁 대상이었다.

그렇다면 세계 역사에 한 획을 그은 짝퉁 사건은 무엇일까? 여러 사건이 있을 수 있지만, 아르키메데스를 목욕탕에서 알몸으로 뛰어나오게 했던 짝퉁 왕관 사건이 빠질 수 없을 듯하다. 기원전 265년 지금의 이탈리아 시칠리아섬에 있던 시라쿠사 왕국의 히에로 왕은 신에게 바칠 순금 왕관을 만들기로 한다. 왕은 세공사를 시켜 멋진 왕관을 제작하지만, 세공사가 왕관에 순금이 아닌 은을 섞어 만들었다는 소문이 돌기 시작한다. 왕은 당대 최고의 과학자였던 아르키메데스를 불러 왕관의 짝퉁 여부를 확인하라는 지시를 내린다.

왕의 지시를 받고 고민을 거듭하던 아르키메데스는 머리를 식히기 위해 목욕탕에 갔다가 그 유명한 일화를 만들어낸다. 자신이 욕조에 들어가자 욕조의 물이 넘치는 것을 보고 무언가를 깨달은 아르키메데스는 "유레카(알았다)"를 외치면서 벌거벗은 채로 목욕탕을 뛰어나온다. 아르키메데스가 알아낸 것은 바로 부력의 원리였다. 아르키메데스는 부력을 이용해 왕관이 순금으로 만들어졌는지 밝혀냈는데 방법은 의외로 간단했다.

먼저 양팔저울의 한쪽에는 왕관을 올리고 다른 한쪽에는 순금 덩어리를 올려서 저울이 평형이 되도록 한다. 왕관과 순금 덩어리가 같은 무게라는 의미이다. 이제 이 저울을 욕조에 넣어 저울이 잠기도록 물을 채워 저울의 움직임을 보면 된다. 왕관이 순금으로 만들어졌다면 저울은 움직이지 않을 것이다. 그런데 만일 왕관에 은이 섞여 있다면 어떻게 될까? 은은 금보다 부피가 크기 때문에 저울은 왕관이 있는 쪽이 위로 올라갈 것이다.

아르키메데스는 왕을 비롯한 많은 사람 앞에서 실험을 시작한다. 과연 실험 결과는 어떻게 되었을까? 저울은 평형을 유지했을까, 아니면 왕관 있는 쪽이 위로 올라갔을까? 실험 결과 저울의 왕관 쪽이 위로 올라갔고 왕관은 소문대로 은이 섞인 짝퉁임이 밝혀진다. 지금으로부터 2300여 년 전에 부력의 원리를 이용해 왕관이 순금으로 만들어지지 않았다는 사실을 밝혀낸 아르키메데스도 대단하지만, 왕이 직접 주문한 왕관을 짝퉁으로 만든 세공사의 배짱도 대단하다.

역사에 남을 만한 이 짝퉁 사건은 의외의 과학적 발견을 가져왔다. 바로 부력이다. 물체를 물속에 넣으면 물이 밀어 올리는 부력 때문에 물체는 가벼워진다. 가벼워진 물체의 무게는 밀어낸 물의 무게와 일치한다. 밀어낸 물의 무게만큼 가벼워지는 셈이다. 같은 무게의 물체라도 부피가 늘어나면 부력이 커지고 일정 부피 이상이 되면 물에 뜨게 된다. 이 원리를 이용하면 배를 만들 수 있다. 무거운 철을 사용하더라도 가운데가 비어 있는 그릇 형태의 배를 만들면 부피와 부력이 커지기 때문에 물에 뜨게 된다. 적재 화물이 많아져도 물에 잠기는 배의 부

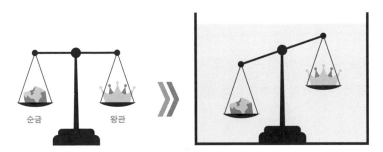

부력을 이용한 아르키메데스의 짝퉁 왕관 판별 방법

피가 늘어나면서 부력도 증가하기 때문에 수십만 톤의 화물도 선적이 가능하다.

부력의 원리는 물체가 받는 중력과 물이 밀어 올리는 힘의 겨루기라고 할 수 있다. 밀어내기 경기에서 몸무게가 무거우면 유리한 것처럼 중력과 부력의 힘겨루기도 무거울수록 유리하다. 물체가 무거우면 중력이 커지고 물의 밀도가 커지면 부력이 커진다. 이 때문에 민물에서는 가라앉던 달걀이 민물보다 무거운 소금물에서는 뜨게 된다.

아르키메데스의 목욕탕 이야기로 다시 돌아가보자. "유레카"를 외치며 거리를 뛰어다녔던 아르키메데스는 당시 몇 살쯤 되었을까? 과학 도서 삽화에는 흰 수염을 가진 할아버지로 그려져 있고 왕의 자문 역할을 했으니 나이가 많을 것으로 예상되지만 당시 그는 이십 대 초반의 풋풋한 청년이었다. 이십 대 초반의 청년이 창피함도 느끼지 못할 정도로 흥분해 거리를 뛰어다닌 것을 보면 그가 가짜 왕관 문제를 풀기 위해 얼마나 많은 고민을 했었는지 알 수 있다. 우리 주변에서도 겉으로 보기에는 운이 좋아 얻은 행운으로 보이지만, 알고 보면 모든 게 끊임없는 노력의 결과였음을 깨닫는 경우가 많다.

냉장고 얼음은
왜 불투명할까?

커피 위에 떠 있는 투명한 얼음은 보기만 해도 청량감을 느끼게 해주고 커피 맛도 더해주는 듯하다. 가끔 집에서 그런 분위기를 내보려고 직접 커피도 내리고 얼음도 띄워보지만 뭔가 2퍼센트 부족하다. 커피 맛은 그런대로 흉내를 낼 수 있겠는데 문제는 얼음이다. 카페에서 담아준 얼음은 투명한데 집 냉장고에서 얼린 얼음은 뿌옇기 때문에 깔끔하고 청량한 분위기를 내기에는 한계가 있다. 이 뿌연 얼음은 투명한 얼음보다 더 빨리 녹아 커피 맛도 금방 밍밍해진다. 카페에서 음료에 띄워주는 얼음은 맑고 투명한데 가정용 냉장고에서 만든 얼음은 왜 불투명할까?

집에서 얼린 얼음이 불투명한 것은 물속에 녹아 있던 공기가 물 밖으로 빠져나가지 못하고 갇혀 있기 때문이다. 냉장고

안에 있는 물은 냉기에 직접 노출된 물의 표면부터 얼기 시작한다. 물이 얼면 공기를 얼음 밖으로 밀어내기 때문에 공기는 아직 얼지 않은 물이 있는 곳으로 자꾸 밀려난다. 냉장고 안의 얼음은 표면과 주변이 먼저 얼고 가운데가 나중에 얼기 때문에 얼음 밖으로 밀려나던 공기는 결국 얼음 가운데에 갇히고 만다. 시간이 지나면서 공기가 몰려 있던 얼음의 가운데 부분까지 얼게 되면 공기는 하얀 기포로 남는다. 이 때문에 얼음을 만들 때 가장 나중에 언 부분이 불투명하게 보인다. 냉장고에서 만들어진 얼음을 자세히 보면 얼음 전체가 불투명하지 않고 중간 아래쪽이 하얗게 되어 있는데 이 부분이 가장 나중에 언 곳이다.

그렇다면 집에 있는 냉장고로는 투명한 얼음을 만들 수 없는 것일까? 아쉽게도 가정용 냉장고로는 시중에서 파는 것과 같은 투명한 얼음을 만들기는 쉽지 않다. 맑은 얼음을 만들기 위해서는 두 가지 방법이 있다. 물속에 있는 공기를 완전히 제거한 후 얼리거나 물을 얼리는 과정에서 공기를 얼음 밖으로 빼주는 방법이다.

대기 중의 공기는 자연스럽게 물속으로 녹아들기 때문에 첫 번째 방법인 물속에 있는 공기를 완전히 제거하기는 쉽지 않다. 물을 끓여서 공기를 날려 보낸 후 식혀서 얼리는 방법도 가능하지만 물을 식히는 동안 공기가 다시 녹아들기 때문에 노력

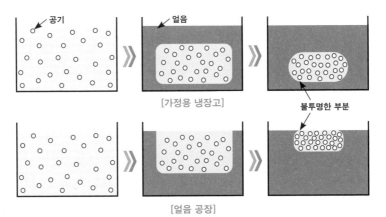

공기

얼음

[가정용 냉장고]

불투명한 부분

[얼음 공장]

가정용 냉장고와 얼음 공장에서 얼음이 만들어지는 과정

과 시간에 비해 만족할 만한 결과를 얻지는 못한다.

그래서 투명한 얼음을 만들기 위해 주로 사용하는 방법은 물이 어는 동안 공기가 빠져나가도록 하는 두 번째 방법이다. 냉장고처럼 물이 표면부터 얼면 공기가 빠져나갈 수 없기 때문에 냉장고에서 물이 어는 순서와는 반대로 표면이 가장 나중에 얼도록 한다.

물을 아래쪽부터 얼리기 위해서는 냉기에 의해 얼리는 방식이 아닌 얼음 틀을 차갑게 해야 한다. 얼음 공장에서 얼음을 만드는 방식이 바로 이것이다. 최근에는 이 방식을 이용한 가정용 제빙기도 시판되고 있다. 가정용 제빙기는 소형이기 때문에 냉매를 이용해 얼음 틀을 직접 차갑게 하지만 공장은 얼음 틀을 영하 6~8도의 차가운 소금물에 담가서 얼음을 만든다. 너무 낮지 않은 온도에서 천천히 물을 얼려야 물속에 있는 공기가 충분히 빠져나가기 때문에 공장에서 얼음을 만드는 데는 48시간 정도의 제법 긴 시간이 필요하다.

얼음 틀을 차갑게 하여 물의 표면이 늦게 얼도록 하는 방법이 불투명한 부분을 줄여주지만 물속에 있는 공기를 완전히 제거할 수는 없다. 그래서 이 방법을 쓰더라도 얼음 속에 일부는 하얗게 남아 있다. 투명한 얼음은 뿌연 얼음에 비해 단단하기 때문에 잘 녹지 않는다. 카페에서 주문한 아이스 아메리카노의 얼음이 음료를 다 마실 때까지 거의 녹지 않는 것은 이 때문이다.

대한민국을 달군
마법의 빗자루질

2018년 평창 동계올림픽이 끝난 뒤 우리나라 국민을 대상으로 가장 흥미롭게 본 종목을 묻는 설문 조사가 있었다. 결과는 예상 밖이었다. 우리나라 동계올림픽의 메달밭인 쇼트트랙은 3위, 스피드 스케이팅은 2위를 차지했다. 그리고 1위는 바로 컬링이었다. 그해 겨울 우리나라 컬링 선수들의 빗자루질에 대한민국이 열광했다. 우리나라 컬링 선수들은 비인기 종목의 설움을 딛고 금메달보다 더 의미 있는 은메달을 목에 걸었다. 컬링은 빙판 위에서 스톤을 밀어 상대방 스톤을 쳐내는 단순한 경기 방식으로 진행되지만 경기의 재미를 더하는 요소는 소위 빗자루질이라고 하는 스위핑이다.

스위핑은 긴 막대 모양의 브룸broom으로 빙판을 문지르는 행동을 말한다. 선수들이 스위핑을 하는 이유는 마찰열로 빙판을 녹여 스톤의 진행 방향과 이동 거리를 조절하기 위함이다. 그런데 단순히 얼음 바닥을 문지른다고 해서 20킬로그램이나 되는 스톤의 진행 방향과 이동 거리를 바꿀 수 있을까? 선수들이 빙판을 스위핑하면 마찰열로 빙판이 녹아 얼음과 스톤 사이에는 얇은 수막이 만들어져 스톤이 더 빠르게 멀리 나갈 수 있다. 스위핑을 할 경우 스톤의 이동 거리는 3~5미터 정도 늘어난다고 한다.

스위핑을 통해 스톤의 방향과 이동 거리를 조정할 수 있는 이유는 컬링 경기장의 독특한 얼음에 그 비밀이 있다. 컬링 경기장의 얼음은 일반 빙상 경기장과 달리 얼음 표면이 매끈하지 않다. 경기 시작 전 빙판 위에 작은 물방울을 뿌려 페블pebble이라고 하는 오돌토돌한 얼음 돌기를 만든다. 컬링 경기장 빙판은 언뜻 매끈해 보이지만 이 페블 때문에 마치 엠보싱 화장지 같은 표면을 갖게 된다. 스톤이 빙판 위를 미끄러질 때 '드르륵' 하는 거친 소리를 내는 것이 바로 이 때문이다. 그런데 컬링 경기장은 왜 얼음 표면을 거칠게 만들까? 아이러니하게도 거친 표면이 스톤과 얼음 사이의 마찰력을 줄여 스톤이 잘 미끄러져 나가도록 하기 때문이다.

얼음 표면이 매끈한 경우 스톤 바닥과 얼음의 접촉 면적이 넓어지지만 오돌토돌한 페블이 표면을 덮고 있으면 스톤은 얼음 돌기의 튀어나온 부분만 접촉하기 때문에 접촉면이 줄어든다. 접촉 면적이 줄어드는 만큼 마찰력이 줄어 스톤이 잘 미끄러진다. 그뿐만 아니라 페블을 만들면 스위핑을 통해 얼음을 녹이기 쉽기 때문에 스톤의 방향과 이동 거리 조절도 쉬워진다. 만일 페블이 없는 매끈한 얼음 위에서 경기가 진행된다면 스톤을 과녁처럼 보이는 하우스에 보내기 쉽지 않을뿐더러 스위핑으로 방향과 속도를 제어하기는 더욱 어려울 것이다. 스위핑이 없었다면 컬링의 재미가 반감되었음은 물론이다. 컬링 경기가 관중의 흥미를 더하는 이유는 스톤이 선수의 손을 벗어난 이후에도 스위핑을 통한 변수가 많아 긴장의 끈을 놓을 수 없다는 점이다.

컬링 경기는 순간적으로 얼음을 녹여 스톤의 방향과 속도를 조정하는 경기이다 보니 경기장의 온도와 습도에 민감하다. 컬링 경기장의 실내 온도는 12도, 얼음 온도는 영하 4도로 맞춘다. 또한 습도가 높아지면 페블이 쉽게 녹을 수 있기 때문에 컬링 경기장은 다른 빙상 경기장보다 습도가 약 5~15퍼센트 낮은 35퍼센트 수준을 유지한다.

컬링을 비롯한 빙상경기에서 빙질의 중요성은 아무리 강조해도 지나치지 않을 듯하다. 컬링과 달리 매끈한 얼음 위에서 하는 빙상경기도 경기 종류에 따라 최적의 얼음 조건은 달라진다. 2022년 베이징 동계올림픽의 쇼트트랙 종목에서 넘어지는 선수가 속출하면서 빙질에 대한 불만의 목소리가 터져나왔다.

당시 전문가들은 최적 얼음 조건이 다른 피겨스케이팅과 쇼트트랙 경기를 한 경기장에서 번갈아 진행하면서 빙질 관리에 문제가 있었다고 진단했다. 피겨스케이팅을 위한 빙질은 선수의 점프 충격을 줄여주고 급회전이 가능하도록 다소 무르게 관리된다. 이에 비해 쇼트트랙 경기장 얼음은 스케이트 날이 얼음에 박히지 않도록 표면이 단단해야 한다.

　베이징 동계올림픽의 빙질 관리가 논란이 되면서 우리나라에서 치러졌던 평창 동계올림픽이 재조명되기도 했다. 평창 동계올림픽 때도 피겨스케이팅과 쇼트트랙 경기가 한 경기장에서 치러졌지만 빙질 관리에 대한 문제는 제기되지 않았으니 말이다.

물로 칼을
벨 수 있다

우리나라에서 결혼식이 가장 많은 계절은 언제일까? 결혼 정보회사 자료에 따르면 가을, 월별로 보면 10월이 가장 많다. '5월의 신부'라는 표현 때문에 5월에 결혼식이 가장 많을 것으로 예상되지만 5월은 10월과 11월에 이어 세 번째이다.[8]

부부 사이를 표현하는 속담에는 여러 가지가 있지만, 그중 대표적인 것은 "부부 싸움은 칼로 물 베기"가 아닐까 싶다. 물은 칼로 베어도 잠깐 갈라졌다가 이내 다시 합쳐져 아무런 흔적이 남지 않는다. 그래서 이 속담은 싸워도 곧 화해하고 예전으로 돌아가는 부부 싸움에 비유되곤 했다. 이 외에도 어떤 일이 금방 예전 상태로 돌아가는 것을 표현할 때도 이 말을 사용한다.

칼로 물 베기가 불가능하다면, 반대로 물로 칼을 벨 수는 없을까? 불가능하다고 생각될 수 있지만 부드러운 물이 단단한 물질을 갈아내는 현상은 우리 주변에서 흔히 볼 수 있다. 속담에 "낙숫물이 바위를 뚫는다"라는 말이 있다. 낙숫물은 지붕의 처마 끝에서 떨어지는 물을 의미하는데 작은 노력이라도 꾸준히 계속하면 큰일을 이룰 수 있다는 것을 비유한 말이다. 오랜 시간에 걸쳐 떨어지는 낙숫물이 돌을 조금씩 깎아내 구멍을 낼 수 있다면, 돌에 부딪히는 물의 압력을 높이면 보다 짧은 시간에 구멍을 뚫을 수 있고, 압력을 더 높이면 물로 돌이나 칼과 같이 아주 단단한 물건도 자를 수 있지 않을까?

다소 황당해 보이는 이 생각은 1800년대부터 현실로 옮겨진다. 당시에 적용된 분야는 채광이었다. 1850년대 미국 서부의 골드러시(19세기 상업적 가치가 있는 금이 발견된 지역에 노동자들이 대거 이주했던 현상) 동안 등장했는데, 물을 고압으로 분사해 지표면에 있는 흙이나 암석을 제거해 금광맥을 찾는 수력 채광hydraulic mining에 적용되었다.[9] 이 채광 방식은 물로 흙과 암석을 씻어내면서 사금을 채취하는 방식이었기 때문에 산과 하천의 환경 피해가 막심했다. 그뿐만 아니라 흙탕물과 토사로 하류 농경지는 황폐화되었고, 하천 바닥에 토사가 쌓이면서 하천 수위가 높아져 침수 피해도 빈번했다. 결국 소송이 잦아지고 규제가 강화되면서 이 채광 방식은 사라지게 된다.

물을 분사해 재료를 자르거나 가공하는 기술인 워터제트water jet가 본격적으로 개발된 시기는 1950년대이다. 하지만 절단할 수 있는 재료는 종이처럼 부드러운 재료에 한정되었다. 워터 제트의 절단 능력을 높이기 위해서는 고압의 물을 분사하는 기술이 필요한데, 당시에는 높은 압력을 만들어줄 펌프도 없었고 높은 압력의 물을 새지 않게 해주는 패킹 기술도 부족했기 때문이다. 1970년 중반에 들어 고압 펌프와 패킹 기술이 개발되면서 워터 제트는 다양한 소재를 가공하거나 절단하는 데 본격적으로 적용되기 시작한다.[10]

워터 제트는 대기압의 4000배나 되는 초고압의 물을 1밀리미터 미만의 미세한 노즐로 분사해 소재를 절단하거나 가공하는 기술이다. 순수하게 물만 이용해 고무, 플라스틱 등의 부드러운 소재를 가공할 수도 있고, 초고압수에 규사와 같은 연마제를 혼합할 경우에는 절단 능력이 더욱 높아져 철, 유리, 스테인리스, 티타늄 등 두껍고 강한 재질도 가공할 수 있다.

이 기술은 절단하는 동안 열이 발생하지 않기 때문에 기존의 레이저를 이용하는 방법에 비해 재료 변형도 적고, 미세한 가공이 가능하다는 장점이 있다. 또 가공 후에도 제품 변형이 거의 일어나지 않는다. 그뿐만 아니라 가공하는 재료 종류에 따라 기기를 바꿀 필요 없이 워터 제트 하나로 플라스틱과 같은 연성 재료, 금속과 같은 강성 재료도 가공할 수 있다. 과학기술의 발달 덕분에 예전에는 상상하지도 못했던 물로 칼을 베는 것이 가능해졌다.

물로 만든
문의 비밀을 열다

무지개는 왠지 좋은 일이 생길 것 같은 막연한 기대감과 어린 시절 동심을 느끼게 한다. 초등학교 교과서에 실린 〈무지개〉라는 소설에는 평생 무지개를 잡으러 나섰던 소년의 이야기가 담겨 있다. 소년은 주위의 만류에도 불구하고 무지개를 잡기 위해 평생을 헤매지만, 결국 무지개를 잡는다는 것은 불가능함을 깨닫고 여정을 포기한다. 그런데 무지개 잡기를 포기하는 순간 소년의 검은 머리는 하얗게 되고 얼굴에는 수많은 주름이 생긴 노인이 되어버렸다는 내용으로 소설은 마무리된다.

물방울이 햇빛을 굴절시키면서 일어나는 현상이 무지개라고 이론적으로는 알고 있지만 무지개는 여전히 신비한 대상이다. 소설 속 소년처럼 무지개를 잡으러 산을 넘을 정도는 아니지만 하늘에 뜬 무지개를 보면 무지개가 시작되는 곳으로 달려가고 싶은 충동을 느끼곤 한다.

무지개는 물방울이 빛을 굴절시켜서 생기기 때문에 무지개의 원리를 이해하기 위해 프리즘을 떠올려보자. 햇빛을 프리즘에 통과시키면 아무 색깔이 없는 것 같았던 빛이 다양한 색깔로 구성되어 있고 색깔마다 휘는 정도가 다르다는 것을 알 수 있다.

물방울도 프리즘처럼 빛의 진행 방향을 꺾거나 반사시킨다. 비가 그치고 나면 공기 중에는 많은 물방울이 떠다니는데 이 물방울 하나하나가 프리즘 역할을 한다. 동그란 물방울은 삼각형의 프리즘에 비해 빛을 굴절시키는 각도가 138~140°로 훨씬 크다. 물방울에 의해 꺾인 빛은 거의 반대 방향으로 되돌아온다. 프리즘에서 알 수 있듯이 빛이 꺾이는 각도는 색깔에 따라 달라지기 때문에 우리는 일곱 가지 무지개 색깔을 볼 수 있다.

물방울에 의해 햇빛이 거의 반대 방향으로 꺾이면서 무지개를 만들어내기 때문에 우리는 해를 등지고 서야만 무지개를 볼 수 있다. 동화책에 가끔 등장하는 무지개 위에서 웃고 있는 해님의 모습은 과학의 눈으로 보면 불가능한 구도이다. 해의 고도가 높은 한낮에는 무지개를 관찰할 수 없고 고도가 낮은 이른 아침과 늦은 오후에 크고 뚜렷한 무지개를 볼 수 있다.

무지개는 순우리말이다. 무지개의 어원은 물을 의미하는 '믈'과 문을 의미하는 '지게'가 만난 '믈지게'라는 단어에서 출발

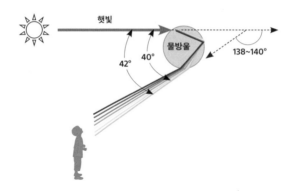

꺾이는 정도가 다른 일곱 가지 색깔

했다. 우리 조상들은 무지개를 물이 만든 문으로 생각했다. 멋진 표현력도 놀랍지만, 무지개가 물에 의한 현상이라는 것을 이미 오래전에 간파했다는 사실이 더욱 놀랍다. 영어 문화권에서는 비를 의미하는 rain과 활을 의미하는 bow를 결합해 rainbow로 표현한다. 나라마다 무지개를 표현하는 단어는 조금씩 다르지만, 그 의미는 소설 〈무지개〉에서처럼 꿈을 의미한다. 이 소설이 초등학교 교과서에 실린 이유도 어린아이들에게 무지개로 상징되는 꿈을 심어주기 위함이 아닐까?

과학

자연의 물음에 물이 답하다

1 물정보포털. 세계 수자원 현황 자료. 2012. https://www.water.or.kr/

2 국토교통부. 지구촌 물현황. 2012.

3 UNESCO. 2021년 세계물개발 보고서. 2021.

4 건설교통부. 한국 PAI 분류 "물부족 국가"에 해당. 2006. http://www.molit. go.kr/USR/NEWS/m_72/dtl.jsp?lcmspage=1&id=155076677

5 PAI(Population Action International), 미국 워싱턴에 소재하고 있으며 개인과 재단의 기부금으로 운영되는 비영리, 비정부 조직이다.

6 Population Action International(PAI). *Sustaining Water, Easy Scarcity : A second update*. 1997.

7 UN Water. *Managing Water under Uncertainty and Risk*. The United Nations World Water Development Report 4 Volume 1. 2012.

8 환경부. 수자원 통계현황. 2021.

9 환경부. 2020 상수도통계. 2022.

10 University of Washington. Program on Climate Change. 2022. https://

uwpcc.ocean.washington.edu/

11 환경부. 한국 하수도 발전사. 2016.

12 환경부. 2020 하수도통계. 2021.

13 스티븐 솔로몬. *물의 세계사*. 민음사. 2013.

14 전성원. *누가 우리의 일상을 지배하는가*. 인물과사상사. 2011. pp. 95~121.

15 한국농촌경제연구원, 세계농업통계, 2018.

문화
물은 인간의 욕망을 보여준다

1 이혜경. 맹자, '철학사상' 별책, 제3권 제2호. 서울대학교 철학사상연구소.
   2004.

2 전호근. "인간은 과연 선한가, 악한가-맹자와 고자, 순자의 논쟁". 아트앤스
   터디.

3 한글 표기는 요단강과 요르단강이 혼용되고 있으나 성경에서 부르는 이름인
   요단강으로 표기했다.

4 Library of Congress. Col. Sherrell, Supt. of Public Buildings and Grounds,
   has issued an order that bathing suits at the Wash[ington] bathing beach
   must not be over six inches above the knee. 1922. https://www.loc.gov/
   pictures/item/90708909/

5 "Boston Arrest a Mistake, Says Annette". The Boston Sunday Globe. 1953.
   10. 11.

6 국사편찬위원회. 한국사데이터베이스. 동아일보. 1937. 8. 10, 제8면. https://
   db.history.go.kr/item/imageViewer.do?levelId=npda_1937_08_10_
   w0008_0860

7 국사편찬위원회. 한국사데이터베이스. 동아일보. 1927. 6. 2, 제3면. https://
   db.history.go.kr/item/imageViewer.do?levelId=npda_1927_06_02_
   v0003_0600

8 호러스 알렌은 미국 오하이오주에서 태어나 웨슬리언 대학교 신학과를 졸업

하고 마이애미 의과대학을 졸업한 후 1884년 조선에 입국했다. 갑신정변 당시 민씨 정권의 핵심 인물인 민영익이 급진 개화파에게 부상을 입었는데, 알렌은 그를 치료하면서 서양 의사로서의 명성을 높였다. 이후 국립 의료원인 광혜원의 의사 겸 고종의 어의가 되었다. 1887년 박정양이 미국 주차 조선 공사로 워싱턴에 부임할 때 고문 자격으로 이들을 수행했다. 1905년 을사조약이 체결되자 미국으로 돌아갔고, 고향에서 의료 활동을 하면서 조선 관계 저술을 남겼다.

9 H.N. 알렌. *조선 견문기*. 집문당. 1999.

10 "황송한 일". 독립신문. 1898. 09. 13.

11 김범준. "유행된 '얼죽아'... 겨울 한파에도 아이스커피 판매량 '쑥'". 이데일리. 2021. 2. 5.

12 배문규. "인간이 술 좋아하는 이유…'술 취한 원숭이' 가설 입증". 경향신문. 2022. 4. 2.

13 패트릭 E. 맥거번. *술의 세계사*. 글항아리. 2016.

14 Amylase, 시대에 따라 한글 표기가 바뀐다. 네이버 국어사전에는 아밀레이스와 아밀라아제가 등록되어 있다. 본 책에서는 중고등학교 교과서에 실린 영어식 발음인 아밀레이스를 따랐다.

15 University of Oslo. A treasure trove of Arabic terms. ScienceDaily. 2014. https://www.sciencedaily.com/releases/2014/01/140124082656.htm

16 김성실. "[김성실의 역사 속 와인] 술 금하는 이슬람을 와인은 어떻게 파고들었을까". 한국일보 2021. 3. 27.

17 조성기. 인도 음주문화의 형성과 음주문제 대책. 주류산업. 제23권 제3호. 2003. pp. 40~53.

18 설민석. *설민석의 조선왕조실록*. 세계사. 2016.

19 소주(燒酒): 당시의 소주는 오늘날 희석식 소주와는 달리 밑술을 증류하여 만든 도수가 높은 술이다. 안동소주가 대표적이다.

20 조선왕조실록, 성종실록. 239권. 1490.

21 김원표. 술의 어원에 관한 일고찰, 한글학회 한글 제100호. 1947. pp. 523~524.

22 하인리히 F. J. 융커. *기산 한국의 옛그림: 풍경과 민속*. 민속원. 2020.

역사

물의 흐름이 세상을 바꾼다

1 이영임. "인류의 불 사용, 40만년 전 시작". 연합뉴스. 2022.10.20.

2 World Data Centre for Greenhouse Gases. Current State of GHGs. 2021. 10. 25. 검색. https://gaw.kishou.go.jp/publications/global_mean_mole_fractions

3 한경닷컴 뉴스팀. "기계가 일자리 뺏는다? 역사적 해프닝으로 끝난 기계파괴 운동". 한국경제. 2013. 11. 23.

4 홍금수. "강화도는 땀과 눈물로 억척스럽게 일구어낸 간척섬이다". 문화재사랑. 2013.

5 국사편찬위원회, 조선왕조실록. https://sillok.history.go.kr/

6 어네스트 밀러 헤밍웨이. 노인과 바다. 민음사. 2012.

7 해양수산해외산업정보. OEDC-FAO 세계 수산물 소비전망(2019-2028), 2019.

8 김미향, 박수혁. "명태잡이 전면 금지… 연중 금어기 신설". 한겨레. 2019. 1. 15.

9 고동환. 조선후기 경강의 냉장선 빙어선 영업과 그 분쟁. 서울학연구 제69호. 2017. pp. 119~150.

10 국가기록원. "기록 속 동장군" https://theme.archives.go.kr/next/monthly/viewMain.do?month=01&year=2013

11 이주영. 우암 송시열 전설의 의미, 호서문화논총 제17집. 2003. pp. 57~70.

12 조선왕조실록. 명종실록. 6권. 1547.

13 엘리너 허먼. 독살로 읽은 세계사. 현대지성. 2021.

14 환경부. 상수도통계 2020, 2021.

15 국토지리정보원. 띠 지명 이야기. 2021.

16 주돈이. 애련설. 고문진보후집.

일상

삶의 이치를 물로 풀어내다

1   국립환경과학원. 먹는물수질공정시험기준. 2018.

2   환경정책기본법 시행령. [별표1] 환경기준. 2020. 5. 12.

3   국립환경과학원. 우리가 남긴 음식물, 물을 얼마나 오염시킬까요?. 2016.

4   국토해양부 기상청. 기후변화와 물(IPCC 기술보고서). 2009.

5   정광영. "지난 30년 동안 우리나라 해수면 매년 3.12mm씩 높아져". 해양수산
     부. 2020. 12. 14.

6   해양환경공단. 해수면 상승 시뮬레이터. https://www.koem.or.kr/simulation/
     gmsl/rcp45.do

7   한국외래생물정보시스템. IUCN 세계 100대 침입외래종. 2013.

8   한경닷컴 뉴스팀. "결혼이 가장 많은 달은 '10월'···가장 적은 달은?". 한국경제.
     2015. 10. 06.

9   Water Science School. "Hydraulic mining techniques, California, 1870s".
     USGS.

10   Jonathan Schlick. Waterjet Cutting History-Origins of the Waterjet Cutter.
     TECHNI Waterjet. 2022. 11. 11.

물은 비밀을 알고 있다

초판 1쇄 발행 2023년 1월 15일
초판 2쇄 발행 2023년 1월 25일

지은이 최종수
펴낸이 권미경
편집장 이소영
기획편집 김효단
마케팅 심지훈, 강소연
디자인 THISCOVER
펴낸곳 (주)웨일북
출판등록 2015년 10월 12일 제2015-000316호
주소 서울시 마포구 토정로 47 서일빌딩 701호
전화 02-322-7187 **팩스** 02-337-8187
메일 sea@whalebook.co.kr **인스타그램** instagram.com/whalebooks

소중한 원고를 보내주세요.
좋은 저자에게서 좋은 책이 나온다는 믿음으로, 항상 진심을 다해 구하겠습니다.